# 大数据时代
## 数据保护法律研究

LEGAL RESEARCH ON DATA PROTECTION

刘 红◎著

中国政法大学出版社

2018·北京

**图书在版编目（ＣＩＰ）数据**

大数据时代数据保护法律研究/刘红著. —北京:中国政法大学出版社,
2018. 10

　ISBN 978-7-5620-8630-7

　Ⅰ.①大… Ⅱ.①刘… Ⅲ.①数据保护－信息法－研究－中国
Ⅳ.①D922. 84

中国版本图书馆CIP数据核字(2018)第235915号

------------------------------------------------------------------------------------------------

| 书　　　名 | 大数据时代数据保护法律研究 |
| --- | --- |
| | dashujushidaishujubaohufalüyanjiu |
| 出 版 者 | 中国政法大学出版社 |
| 地　　址 | 北京市海淀区西土城路 25 号 |
| 邮寄地址 | 北京 100088 信箱 8034 分箱　邮编 100088 |
| 网　　址 | http://www.cuplpress.com（网络实名：中国政法大学出版社） |
| 电　　话 | 010-58908285（总编室） 58908334（邮购部） |
| 承　　印 | 固安华明印业有限公司 |
| 开　　本 | 880mm×1230mm　1/32 |
| 印　　张 | 9 |
| 字　　数 | 194 千字 |
| 版　　次 | 2018 年 10 月第 1 版 |
| 印　　次 | 2018 年 10 月第 1 次印刷 |
| 定　　价 | 36. 00 元 |

# 前　言

随着计算机技术的发展，当今的数据源正以指数的形式持续性爆炸式增长。这正好印证了英特尔（Intel）创始人之一戈登·摩尔（Gordon Moore）提出的"计算机容量将每18～24个月翻一番"的理论。这个理论，后来被称之为"摩尔定律"（Moore's law）。除了摩尔定律之外，云计算和数据挖掘技术的进步，以及移动支付和社交网络的飞速发展，催生并推动着大数据技术的发展，并已迅速形成了一条较为完善的大数据产业链。在全球范围内，从科研到医疗，从金融业到互联网，各个不同行业的数据量都在飞速增长，这一特点在互联网公司显得尤为突出。以中国如此大的人口数量，网络用户和移动设备的使用数量理所当然要居于首位，而由此产生的庞大数据量则是无法估算的。国际数据公司（IDC）在2017年3月17日发布的最新研究报告《全球大数据分析及人工智能市场2017年预测——中国启示》中预言，至2019年，中国有1/3的500强企业中基于数据的产品收入将会是其他产品、服务的两倍。也就是说，大数据已经逐渐发展成为当下最关键的生产要素和产品形态，这也是当前社会从工业经济向知识经济转变的重要特征。大数据时代的到来将为各个行业注入新的活力，为社会带来巨大的效益，比如医疗、教育、通信、交通等行业，都可以利用大数据技术为本行业创造更多价值，提高本行业的服务水平等。通过新型数据处理技术对海量的数据信息进行加工和分析，从而使企业拥有更强的预测力和决策力。

大数据带来的不仅是数据体量的变化，也是对长久以来人们所形成的思维定式发起的挑战。在这一系列变革的同时，数据信息的安全问题应运而生，如何监管大数据行业，已成为迫在眉睫的问题。数据的海量并不意味着数据的滥用，这些数据的权属究竟应如何界定，利用的手段是否应当加以规范，企业是否应该进行行业自律，这些都是我们需要密切关注的焦点问题。行业的健康发展、技术的优化进步、权利的保障维护，无疑都亟需相应的法律支撑。

所谓"大数据"是变革，更是趋势，面对数据资源化的大势，配套的法律要靠更多的研究和探索去完善。因而通过转变视角，对现阶段"大数据"背景下数据资源的获取、利用、保护等管理活动中出现的法律问题进行一些梳理考察，尝试从面向数据资源管理过程的角度同时关注数据的人格权益和财产权益、数据的原始层面和派生层面，这样做对于完善数据这一新型资源的管理问题具有积极的探索性意义。数据来源的极大丰富和数据体量的爆炸性增长促使大数据技术出现并得到广泛应用。大数据技术的分析与利用也不仅仅局限于信息技术产业，还事关国计民生、经济大势，涉及政府、学术界、产业界、资本市场等领域，包括与国家科技能力相关的地震预测系统、纳米材料及生物基因工程；在环境问题方面的生态检测系统分析，对全球海洋上层温度、盐度和海流进行实时观测；与教育问题相关的在线教育平台，教育资料的网络共享；与医疗卫生相关的实时病情监测方案，快速有效地预测并控制疫情，以及客观公平的医生评价网络等。

无论从数据规模和结构，还是对社会和生产的影响来看，世界各国都已经全面走进大数据时代，各国对于发展大数据技术都十分的重视并从政治层面开始发布发展战略。2012年3月，美国发布了《大数据技术研究和发展计划》，提出将通过大数据技术加强对于信息数据资料的收集和分析，以获得更多知识和信息，这样可以加速美国在信息科学上的发展步伐，并进一步地保障美国国家安全；欧盟方面投入巨资启动"未来投资计划"，旨在推动大数据技术的快速发展。2015年9月，我国国务院发布了《促进大数据技术发展行动纲要》，从国家政治的层面促进大数据技术在我国的迅速发展，并据此来部署大数据技术的发展工作。

随着大数据技术的普及和发展，个人数据保护、数据产权保护以及数据监管的重要性不断凸显。本书即以此为出发点，讨论在数据处理、数据使用和数据交易等阶段对数据进行保护的法律问题，共分为十章：

第一章从技术层面分析了大数据时代的数据概念，梳理了大数据产生的历史背景梳理大数据技术的历史发展脉络，并着重把握大数据技术的特征与应用价值。数据环境下的每个行动都会留下数据痕迹，这让人时刻处于"敞视式监狱"中；大数据技术在造福公共利益的同时会与个人隐私、个人信息发生冲突；大数据技术进行数据预测时也会导致个体意志的沦丧；巨大的数据鸿沟很大程度上还将导致社会的公正受损。

第二章主要论述了对大数据进行保护的法理基础。其中，主要是对法律语境下的数据进行了分类，并明确了数据权的基本体系，为本书进行后续的论述奠定了框架基础。大数据蓬勃发展，其意义不仅仅局限于可利用信息的扩展和分析能力的加强，而在于方方面面，对于商业领域和政府治理而言均有重要意义。但是，大数据的充分利用离不开基础数据权利制度的构建与完善。数据确权是数据交易的基础，而数据安全则是数据利用的保障。此外，根据科斯定理，明确产权可以促进市场效率。因此，这一章试图通过对数据所有权、数据安全以及数据交易双方的权利义务等问题进行分析，以构建我国的数据权利法律制度，为大数据的发展利用奠定基础。

第三章和第四章主要探讨了个人数据的法律保护问题。在我国，有关个人数据安全监管的法律法规，现阶段数量较少，更不要说形成一个较为完善的体系了。我国目前关于个人数据安全监管，多通过单行条例规定。这些条例规定，在传统的数据分析时代已显得力不从心，在大数据飞速发展的今天就更加捉襟见肘，这也使得我国的个人数据保护法律规制建设有一定的进步空间。

第五章和第六章探讨了数据交易中数据产权保护的法律问题。石油的标准化交易由美国标准石油公司经过一系列的技术改造得以实现，"标准石油"名副其实，1911年，标准石油公司被美国联邦最高法院以反垄断为由分拆成了34个独立公司。

与石油相比，数据难以进行标准化交易。这与数据本身的定价难、存储载体难以转移以及数据一直在实时更新有关，而这些是不会发生在石油身上的。随着大数据技术不断创新，数据的应用领域也在不断拓宽，从最初的商业领域延伸至公共服务领域、医学领域等，大数据的价值日益为社会主体甚至国家所重视。在此背景下，大数据产业得以迅猛发展。数据交易作为大数据产业的一环，是衡量大数据产业发展状况的主要标准，也是实现数据价值的关键环节。目前，关于数据交易的相关规范尚无统一的立法，而是散见于各地方的政府规章，且规定得较为原则。数据交易立法的现状，导致数据交易中虽存在诸多问题，却难以有效地解决，这严重制约了大数据产业的发展。因而，研究数据交易中的法律保护问题是十分必要的。

第七章和第八章主要论述了数据监管的法律问题。大数据的巨大潜在价值已引起了全球的讨论热潮，大数据的到来必然对现阶段政府管理的发展和运行带来新的挑战。政府作为最大的数据占有者，拥有的大数据涉及众多领域，应率先加速对大数据应用技术的研发，促进政府治理革新，转换政府管理模式。政府部门数据信息存量和来源渠道丰富，缺乏的是运用大数据加强政府数据应用管理的思维决策和基础设施，加快政府对大数据管理的建设进程，对有效推进政府对大数据的管理研究进程而言至关重要。

第九章和第十章全面地分析了大数据法律规制中的热点案例以及个人数据保护、数据产权保护以及数据监管的相关立法建议。

大数据技术是信息时代重要的能量"宝藏"，哪个国家能最有效地从大数据技术中挖掘价值，哪个国家就能获得这个时代最强大的生产力。因而，保障个人数据保护、数据产权保护以及数据自由流通三者之间的动态平衡，是我们在大数据时代需要重点关注和研究的问题。

武汉学院副教授

刘红

2018 年 7 月 18 日

# 目　录

## |第一章|

## 大数据时代的数据

### 第一节　大数据产生的历史背景

　　大数据技术的诞生和发展并不是一蹴而就的，从大数据技术的萌芽到技术的全面繁荣历经了 30 余年的时间。因此，只有把握大数据技术的产生和发展脉络，才能对大数据技术的发展规律做出科学的概括和总结。这一部分对大数据技术的诞生和历史演变进行了简要的阐述和脉络的梳理。

### 一、诞生时期：20 世纪 80 年代～2008 年

　　这是大数据技术产生的前期，此时大数据技术的概念还没有被提出，然而大数据的思想已经有了萌芽的态势。虽然技术也没有实际的形成和应用，但这并不意味着大数据技术在这个时期没有被人关注，相关的数据信息处理技术没有被人应用。信息哲学家曾就信息哲学的本体论和认识论等方面做出过先期

的研究，为大数据技术伦理学做了研究的铺垫。"大数据技术"这个词最早出现在 20 世纪 80 年代，巧夫勒在他的未来学著作《第三次浪潮》中提道，在技术的"第三次浪潮"中，"大数据技术"可能会在各个领域改变我们的社会。"大数据技术"从未来学的预测落地为如今为 IT 行业的实际技术是从 2000 年后逐渐开始的。2003 年，奥伦埃齐奥尼创立了一个名为 Forecast 的预测公司。它通过对机票价格的预测包括下降幅度和趋势分析，可帮助消费者了解购买机票的最佳时间。①然而在此时，"大数据技术"的概念仍未被正式地提出。2004 年，大数据技术试探性地走入人们的生活，沃尔玛公司对于购物的顾客进行购物历史信息数据的收集和统计，运用大数据技术对这些数据进行分析运算，成功实现了邮寄销售的销售模式，一跃成为当时全球最大的"售寄平台"。2008 年，Google 在用户的检索系统上做了一次试验，将用户的输入习惯键入词条及后续检索行为数据进行分析运算，成功地提前几周预测到"甲流"的爆发，为很多人避免了一次流行性疾病。2008 年 9 月，《自然》杂志专门制作了以大数据为主题的名为"大数据技术"的期刊专门检索，对大数据技术的关键技术可能应用的领域及对社会带来的利益和影响进行了探讨，从此大数据技术开始真正进入人们的视野，逐渐融入人们生活的方方面面。

## 二、早期发展：2009 年 ~ 2011 年

2009 年，"大数据技术"开始得到全世界各个领域的关注，

---

① 段德珂："技术哲学视野下大数据研究"，武汉理工大学 2014 年硕士学位论文。

互联网信息技术行业认为大数据技术将开创信息技术领域的技术前沿；学术领域认为大数据技术是"继科学实验、理论推演和计算机仿真这三种科研范式之后的科学研究第四范式——数据密集型科学"①；商业领域则认为大数据技术将开拓又一个新的热门市场。

信息行业巨头公司都希望能够在大数据技术的技术开发上抢占先机，于是纷纷投入巨资研究大数据技术。美国学者、图灵奖获得者吉姆格雷认为大数据技术"作为知识发现的又一条新通道和新范式，与前三种范式相辅相成，将共同构成发现的认知和方法体系"。国内学者刘红在大数据技术刚刚发展起来的阶段敏锐地捕捉到了其在科研领域的重要性，她在博士论文《数据哲学构建的初步探析》②中提出了应将数据哲学研究列入科技哲学的研究范畴。在商业领域，推特（Twitter）、脸书（Facebook）等社交网络通过分析用户在社交网站上的数据记录，通过大数据技术手段得出用户的喜好和社交圈，国内的阿里巴巴公司通过大数据技术计算出用户的购买习惯和喜好向用户推送广告信息，并推广阿里信贷等金融产品。"2011 年，我国物联网'十二五'规划，将信息处理技术作为 4 项核心技术之一被提了出来，数据挖掘、海量数据存储、视频智能分析是大数据技术的核心部分。"③2011 年 6 月，麦肯锡公司在世界经济

---

① 黄欣荣："大数据哲学研究的背景、现状与路径"，载《哲学动态》2015 第 7 期。

② 刘红、胡新和："数据哲学构建的初步探析"，载《哲学动态》2012 第 12 期。

③ 徐子沛：《大数据：正在到来的数据革命》，广西师范大学出版社 2012 年版。

贸易论坛上发布有关大数据的核心技术、技术应用的潜在领域等报告，首次提出"大数据技术"概念，从此大数据技术正式得名，开始了初步的发展。

### 三、繁盛发展：2012 年至今

2012 年是大数据技术繁盛发展的起始之年，大数据技术正式进入了政治层面。2012 年 3 月，美国奥巴马政府宣布投入巨资启动"大数据技术的研究和发展计划"，旨在支持大数据技术在美国的发展。同年 10 月，我国成立了"CCF 数据专家委员会"。2013 年，我国科技部正式启动 863 项目，正式把我国的大数据技术发展计划提升到了国家战略层面。2012 年以来，大数据技术成为国际上关注的热点问题，根据 Google 的检索统计，"大数据技术"词条的检索量已经超越了"互联网"。同时企业对于大数据技术的研究和应用也在如火如荼地进行。在学术领域，大数据技术相关研究得到了全方面的重视，关于大数据技术的哲学方面的研究一时间也产生了很多的理论成果。维克托·迈尔·舍恩伯格在他的著作《大数据技术时代：生活、工作和思维的变革》①中提出了大数据技术的四个特点，这四个特点在学术界一直沿用至今；英国学者弗洛里迪在其《大数据技术及其经验论挑战》一文中提出了大数据技术对经验认识论的挑战问题②；在我国，也有大量相关著作问世，如：徐子沛发表

---

① ［英］维克托·迈尔·舍恩伯格：《大数据时代：生活、工作和思维的变革》，盛杨燕、周涛译，浙江人民出版社 2013 年版。

② 张尼、张云勇、胡坤：《大数据安全技术与应用》，人民邮电出版社 2014 年版。

的著作《大数据技术》、李德伟出版的《大数据技术改变世界》、李志刚主编的《大数据技术：大价值、大机遇、大变革》等。由此可见，大数据技术无论从政治、商业和学术领域都开始了繁盛的发展。

互联网的出现，在科技史上可以比肩"火"与"电"的发明，且它们同样是由军事目的驱动的。计算机在军方应用得越广泛，计算机上保存的军事机密就越多。人们担心如果保存重要军事机密数据的主要计算机被摧毁的话，很可能会输掉整个战争，为此推动计算机之间互相传递数据并互为备份的通信机制被提上日程。1969 年，美国在 ARPA（阿帕网，美国国际部研究计划署）制定的协定下，把分属不同大学的四台计算机互相连接起来，这就是最早的互联网雏形。

互联网把每个人桌面上的计算机连接起来，改变了人们的生活，成为大家获取各类数据的首要渠道。通过互联网获取数据的模式可以简单地抽象为"请求"＋"响应"的模式。理解这种获取信息的方式，有助于理解"大数据"的价值。

比如，用收音机收听广播，或者用电视机看电视节目，都是"广播"＋"接收"的模式。不管有没有电视机在接收信号，广播塔总是在发送电视节目的信号。随时打开电视机，人们就能收看电视节目。在"广播"＋"接收"的模式中，广播塔是不知道有谁在接收节目的。"请求"＋"响应"模式则不同，如果客户端（包括所有接入互联网的设备、软件等）不主动要求，终端是不会发送任何数据的。互联网应用协议基本上都是这种模式。当然也有"广播"＋"接收"模式的协议，但是不常用。每一次访问请求其实就是一次鼠标点击操作，在服务器的日志中，它会忠实地记录下每个人访问的时间、请求的明令、访问的网址等数据。这些访问记录就像人们在雪地上行走留下的脚印一样，这些"脚印"连成一串，构成了人们在互联网上的"行为轨迹"。想一想猎人怎样通过追踪脚印捕获猎物的，就会明白这些"轨迹"中蕴含着巨大的价值。所以，各类服务器上的日志就是一种非常重要的大数据类型。

云计算再一次改变了数据的存储和访问方式。在云计算出现之前，数据大多分散保存在每个人的计算机中以及每家企业的服务器中。云计算，尤其是公用云计算，把所有的数据集中存储到"数据中心"，也即所谓的"云端"，用户通过浏览器或者专用程序来访问。一些大型的网站，通过提供基于"云"的服务，积累大量的数据，成为事实上的"数据中心"。"数据"是这些大型网站最为核心的资产，他们不惜花费高昂的费用、付出巨大的努力来保管这些数据，以便加快用户的访问速度。谷歌公司甚至购买了单独的水力发电站，为其庞大的数据中心提供充足的电力。根据一些公开资料显示，谷歌在全球分布着36 个数据中心。这几年国内各地也兴起了建设云计算基地的风潮，客观上为"大数据"的诞生准备了必备的储存空间和访问渠道。各大银行、电信运营商、大型互联网公司、政府、各个部委都拥有各自的"数据中心"。银行、电信、互联网公司绝大部分已经实现了全国级的数据集中工作。

云计算是大数据诞生的前提和必要条件，没有云计算，就缺少了集中采集和存储数据的商业基础。云计算为大数据提供了存储空间和访问渠道；大数据则是云计算的灵魂和必然的升级方向。

随着大数据运用的不断演进和发展，不同行业领域通过不同的形态，开始了对大数据的运用和处理：

（1）物联网。物联网是另一个技术领域的热词。究其本质是传感器技术进步的产物。遍布大街小巷的摄像头，是大家可以直观地感受到的一种物联网形态。事实上，传感器几乎无处不在，使用它可以监测大气的温度、压强、风力，监测桥梁、矿井的安全，监测飞机、汽车的形式状态。一架军用战斗机上的传感器多达数千个。现在大家常用的智能手机中，就包括重力感应器、距离感应器、光线感应器、陀螺仪、电子罗盘、摄像头等各类传感器。这些不同类型的传感器，无时无刻不在产生着大量的数据。其中的某些数据被持续地收集起来，成为大数据的重要来源之一。

（2）社交网络。社交网络是互联网发展史上的又一个重要的里程碑。它把人类真实的人际关系完美地映射到互联网空间，并借助互联网的特性而大大升华。广义地看，社交网络使得互联网甚至具备某些人类的特质，譬如"情绪"：人们分享各自的喜怒哀乐，并相互传染传播。社交网络为大数据带来一种最具活力的数据类型，来分析人们的喜好和偏爱。这就为研究消费者行为打开了另一扇方便之门。如果深入分析社交网络就会发现，大型的社交网络平台事实上构成了以"个人"为枢纽的不同的数据的集合。借助"分享"按钮，人们在不同网站上的购物信息、浏览的网页都可以"分享"在社交网络上。想想前面提到的雪地上的脚印，社交网络把网民在不同网站上留下的"脚印"链接起来，形成完整的行为轨迹和"偏好"链。

（3）智能终端普及。古人只能用"大漠孤烟直，长河落日圆"等诗词来主观描述他们的所见所闻，我们则可以使用手机、照相机、摄像机，再现美丽的风景，与亲朋好友分享。执着的古人迷路时索性信马由缰不问归路，我们则可以拿出智能手机使用导航软件并找到目的地。

智能终端不仅仅局限于个人应用，许多行业也都已经开始大规模地部署终端产品。举一个例子：如婚纱摄影行业，以前影楼需要租大面积、位置优良且租金高昂的门店，携带大型笨重的写真集，展示给准新娘们用以挑选照片。但是如今利用ipad，就可以做出令人心醉神迷的实景效果。准新娘只需要一部ipad，就可以全面地看到最终的拍摄效果，并利用其交互特性提高样片选择的精准度。

智能终端的普及给大数据带来了丰富、鲜活的数据。苹果公司于2015年公布的一组运营数据可以反映人们在智能终端上的活跃程度。其中，iMessage功能目前每秒为用户传递28 000条信息；icloud已经为用户提供了总计1亿多份文档。

## 第二节　大数据的定义与特征

### 一、大数据的定义

麦肯锡是研究大数据的先驱。在报告中，他给出的大数据的定义是："大数据是指大小超出常规的数据库工具获取、存储、管理和分析能力的数据集。"但他同时强调，并不是说一定要超过特定TB值的数据集才能算是大数据。

国际数据公司从大数据的四个特征来定义，即海量的数据规模、快速的数据流转和动态的数据体系、多样的数据类型、巨大的数据特征。

亚马逊的大数据科学家给出了一个简单的定义："大数据是超过了任何一台计算机处理能力的数据量。"

维基百科中只有短短的一句话："巨量资料，或称大数据，指的是所涉及的资料量规模巨大到无法通过目前主流软件工具在合理时间内达到撷取、管理、处理并整理成为帮助企业经营决策更积极目的的资讯。"

大数据是一个宽泛的概念，见仁见智。前面几个定义，无一例外地都突出了"大"字。诚然"大"是大数据的一个重要特征，但远远不是全部。

同时，以上定义都强调了数据的规模问题，很显然这个规模可以用"大"来概括，数据规模之大不构成大数据的充分条件，但却是它的必备属性，如果把这个"大"仅仅理解为数据的数量多的意思，显然过于狭隘了。潘云鹤院士在分析大数据内涵时指出，"大"即"增长 + 多样 + 汇聚 + 价值"。徐子沛也指出，大数据之"大"，其侧重点并不在于其表象的"大容量"，而在于其潜在的"大价值"。喻国明指出，大数据的真正价值不在于它的"大"，而在于它的"全"——空间维度上的多角度、多层次信息的交叉复现，时间维度上的与人或社会有机体的活动相关联的信息的持续呈现。

上述定义的另一个关键词是"处理"，微量也好，海量也罢，数据都是客观存在的，本身并无意义，要想获得知识发现和价值提取，关键要通过对数据的"处理"来实现。在此，我们将数据的收集、获取、存储、整理（清洗、描述、传输等）、分析都纳入数据处理的范畴。显然在大数据的背景下，人工是无法实现"大"数据处理的，并且对现有常规软件、传统数据库管理软件来说也是超负荷的。那么，新的数据处理模式和技术必须建立起来，如此大数据才能够找准价值定位，实现科学发现，从而成为真正的"大"数据。

## 二、大数据的特征

相对于以往的数据技术而言，随着网络信息技术、云存储、云计算等技术的快速发展，结合大数据概念进行分析可知，大数据除了数据规模庞大，它还是一种把传输、搜集数据、存储和处理囊括于一体的综合化技术。国内外许多学者不仅局限于对大数据概念的分析，在此基础上他们进一步深入地发掘研究大数据的特征，在这里较为经典的属于大数据 4V 特性。大数据 4V 特征是指大数据具有四个以英文字母 V 开头的特征，即海量化（Volume）、多样性（Variety）、价值性（Value）、高速性（Velocity）。

### （一）海量化（Volume）

大数据的首要特性表示为海量化。一般而言，数据通过人机交流互动而存在，个体由终端传输信息衔接至互联网终端，同时通过互联网终端将信息经过研究整合后由信息传输模式反馈结论。而由于互联网和智能终端的大范围普及使用，人机交流已经非常频繁，每个个体均属于数据制造者。人们可以借助于智能设备中的软件 app（例如，微博、微信以及 Facebook）来记录自己的生活。据统计，《纽约时报》在过去 50 年总共产生了 3 亿单词信息量，现在推特仅在一天的时间内就能够产生 80

亿的单词信息量，如今人们每时每刻都在不断制造数据，引发了当前数据量的爆发式增长。

大数据技术中的数据 80%～90% 都是以数码相片为主的非结构化数据，如今全球每 2 分钟拍摄的照片数比 19 世纪拍摄的照片总数还要多，目前全球共计拍摄了超过 3.5 万亿的照片。大数据技术的体量增长速度很快，PB 级将是它的常态。据统计发现，在数据的爆炸式增长中，增长最快的为非结构化的数据，它的数据量占数据总量的 85% 左右，以往数据大都以二维结构呈现，但随着互联网、多媒体等技术的快速发展和普及，视频、音频、图片、邮件、HTML 和传感器等产生的非结构化数据，每年都以 60% 的速度增长。预计，非结构化数据将占数据总量的 80% 以上。

（二）多样性（Variety）

信息类型多样是大数据技术的显著特点，大数据中包含的数据类型有结构化、半结构化和非结构化等。非结构化数据的信息类型呈现出多样化的特点，包含文字、视频、图片、地理位置等信息。多样的信息类型构成了信息的多信息源，数据聚合在一起形成了大量的异构数据。异构数据在编码形式、数据格式、应用特征等多个方面存在差异性。对于异构数据的分析和处理方式都需要进行区分。

（三）价值性（Value）

目前社会群体在数据处理上，不仅仅局限于数据的管理与保存，更重要的是对数据进行整理、分析，以深入发掘其潜在联系和内部规律，并且通过应用研究得到的数据资源还可以解决当前所存在的问题，判断未来的发展方向，这是数据深层次化的探究及应用。比方说供应商通过采集客户上网检索和消费的情况，就能够判断顾客的消费意愿、消费习惯以及消费水平等，借此能够对消费者提供合理的建议，对其反馈的信息进行校验。

大数据技术的信息价值并不随信息总量的增大而提高，相反数据量越大时，大数据技术的价值越低。因为大数据技术的价值具有多样性、稀疏性和不确定性等特点，所以单独看某一个数据，它本身并无太多的价值，但庞大的数据放在一起就会产生价值的爆发。

（四）高速性（Velocity）

大数据高速性着重展现于其数据的传递和处理两方面。传统模式受到网络化水平较低、传递速度较慢、信息总量不高等因素的影响，使得数据处理技术相对落后。随着网络信息技术的快速发展，网络传递效率获得大幅提高，而数据量呈现爆发式增加，超级计算机的发明也能够在极低的时耗内分析出数据研究的结果。因为大数据的数据体量大并时时产生着新的数据，这就要求大数据技术在数据产生的同时对数据进行实时分析处理，分析后就将数据删除丢弃，整个过程都是在极短的时间里完成的。

## 第三节　大数据时代数据应用中存在的问题

大数据技术急速发展，世界各国对大数据技术的关注度也与日俱增。大数据技术作为一种技术而存在，本身并没有"好"

与"坏"，或者"善意"与"恶意"之分，它在伦理学上是中性的。大数据技术所涉及的伦理问题指的是技术的使用者在应用大数据技术时所带有的目的和动机，使用技术的方法和手段不同时，所产生的结果也会不同，同时对于事件产生的积极、消极的影响也是不同的。大数据技术目前的使用范畴主要集中在政治领域和商业领域，然而人们对大数据技术的应用并没有形成一个规范使用的态势，更多的是形成了一种"无边界"的现象。在大数据技术的潮流下，每个国家都在全力以赴地争夺大数据技术资源，几乎全部的互联网企业都想要在第一时间得到大数据技术的分析处理结果，并将其转换成商业价值。伦理学在大数据技术这个新兴的技术上，最首要的任务就是前瞻性地考察大数据技术可能引发的风险问题及伦理问题。

### 一、数据足迹与"敞视式监狱"

在大数据技术环境下，我们在网络上的每一次搜索、浏览、信息输入、下载、分享甚至点赞都会无一例外地留下"足迹"，被他人所洞悉。大数据技术建立在对大量个人的信息采集的基础上，但是却意味着个人将自己暴露在全景监视中。这种全方位的"数据监控"使得我们的网络社会形成一种无死角的"敞视式监狱"。

"敞视式监狱"最开始用于建筑学领域，是由边沁作为一种建筑学模型提出来的。它的构造模式是主体建筑为环形的屋舍建筑，环形建筑中间是一座 360 度可见的瞭望塔建筑。四周环形的建筑被用作关押囚犯，囚室正对瞭望塔排列。这种空间构造形式使瞭望塔中的狱警对囚犯有一种天然的、直接的可见性，囚犯对于监狱中的瞭望塔也能感受一种"被监视性",然而环形、相隔离的囚室结构具有一种横向的不可见性,从而"在被囚禁者身上造成了一种有意识的和持续的可见状态,使得监视具有持续的效果"。

大数据技术时代的"敞视式监狱"与边沁所设计的"敞视式监狱"具有相同点,即人们每时每刻都处于一种全景的"数据监控"之下,同时在横向却彼此不可见。然而,这两种"敞视式监狱"也存在着很大的差异。首先,监视的"全局性"。只要人们生活在大数据技术的环境下,那么人们生活的方方面面都处于数据的记录之中,人们时时刻刻都会被记录和监控,与人为监控有本质的区别。其次,监控的"不可见性"。在大数据技术时代,数据监控以一种隐蔽的、不可见的形式存在,数据自动监控实现了监视者不在场的可行性,造成了公众对数据监视的警惕性降低,同时持续不可见的数据监控也会造成公众对被监视的警惕性和反感程度的降低,从而更大程度地为信息监视者提供了丰富的数据。淘宝网记录用户购买信息和社交网络跟踪用户操作历史是大数据技术数据监控的典型案例。①

（1）淘宝网监控用户购买信息的案例。淘宝网是一家大型开放式购物网站,用户在淘宝网上购买商品时会留下历史购买记录,浏览某件商行时也会留下浏览记录,这些信息记录都会受到网站后台的监控和留存。用户下次登录淘宝网时有针对性的广告推送就是后台对用户信息统计的结果。阿里巴巴集团的

---

① 邱仁宗、黄雯、覆晓梅:"大数据的伦理问题",载《科学与社会》2014 年第 4 期。

数据科学家杨滔说："淘宝在对用户数据进行测评时，同时也会抓取一些与测评功能无关的用户数据，甚至是涉及隐私的数据化。"

（2）社交网络跟踪用户操作历史的案例。社交网络是信息时代特有的一种社交方式，人们通过社交网络互相认识、联络、交友，用这种方式满足自身的一部分社交需求。在社交网络上，只要用户在社交网络上进行过操作，发布状态、日志、分享照片、甚至点赞，就会在网络上留下痕迹。这些操作信息被网络后台实时监控，用户虽然与其他用户在社交网络上保持一定的不可见性和神秘感，但其实处于一种网络的"敞视式监狱"中。

## 二、公共利益与个人隐私

大数据技术的突然降临，正从道德、文化、制度、治理、产业等方方面面重构着我们的现实社会。大数据技术为社会的公共利益作出了很多贡献，公共服务中曾经面临的一系列困境或许在大数据技术面前不再是问题。比如，对于交通拥堵问题，大数据技术就能给出很好的解决方案。利用大数据技术分析乘坐公共交通的人流动态数据，我们可以改善公共交通服务和站点设计。通过对出行地点、线路和目的地的考察，对于已经饱和的公交地铁线路，我们就可以设计分流线路，同时按照各个地区的人流量合理的设计站点，避免公交车站过于集中而和私家车一起陷入拥堵。而对于仅仅是高峰饱和的线路就可以合理地调配公交车的发车数量，避免再集体去"凑热闹"。

大数据技术对公共利益作出贡献的同时也存在着对个人隐私的侵犯。大数据技术预测是大数据技术目前应用于人们生活中最普遍的方式，大众是提供大数据技术资源的主要来源。大众在互联网中输入个人信息时，并不知晓自己的私人信息是否会被使用、被如何使用。数据采集者对于大众信息的采集，存在隐私边界不清晰的现象，在数据应用的全过程中，从数据采集到得出结果，都可能出现对个人隐私侵犯的情况。

在社区治理中，现在已经越来越多地往信息化、数据化管理的方向推进。这种利用大数据技术来进行社区管理的方式，在维护社区安全、防止一些极端的犯罪事件的发生上有着显著的效果，极大地维护了公共利益，但是同时存在侵犯个人隐私的风险。在这里举一个国外某社区的例子：国外某社区建立了管理信息收集平台，鼓励辖区居民使用手机，采集个人信息，比如基本的健康信息，包括心率、视力数据等；日常生活数据，包括饮食、购物数据等。这些数据可以提供给罪案预防监控中心，来预防自杀和犯罪发生；还可以及时看到是否有求救或有问题是亟需解决的，对于紧急事件进行迅速、有针对性的帮助，从而解决问题，将某些不良情绪予以消除，实现社区的和谐稳定。这样的管理方式无疑维护了公共利益，但是同时无法保护个人隐私。在特定的情境下，个人的健康状况、社会关系，甚至购物数据都属于个人隐私的范畴。这个案例体现出在大数据技术时代公共利益与个人隐私发生的激烈碰撞，而且从大数据技术的视角解决问题的话，公共利益可能会凌驾于个人隐私之上。

在大数据技术时代，个人隐私的丧失很容易发生。我们的信息在被合理采集后，被二次甚至多次利用，发生"功能潜变"的情况，即"获取信息的原来目的被悄悄地、不知不觉地扩大到包括未获得参与者知情和自愿的同意"。功能潜变现象经常在企业的商务运作中出现。2016 年 3 月，中国互联网络中心发布了最新的《2015 年中国网民信息安全状况研究报告》，研究数据显示有 83.9% 的中国网民在过去的 6 个月内遇到过个人隐私信息的安全问题。从义务论来看，隐私是一项基本人权；从后果论来看，隐私的丧失将给数据市场造成严重损失，必须认真保护隐私。①

### 三、数据预测与个人意志

大数据技术在数据预测领域有很广阔的应用前景，政府通过数据预测而做出的决定，有可能是建立在对群体意志的考量的基础上，而对个人个体的意志可能造成忽略甚至不顾个人的意志。比如说，在美国医疗网点的选址案例中，就存在政府通过病人分布等数据做出决策，从而导致一些个体病患的诉求及意志被忽略的现象。

美国的统计机构通过传感器、GPS 定位数据以及跟踪某种特定患者必须使用或者服用的某种药物，来完成对病患的定位。例如，研究人员将传感器放置到哮喘病人的呼吸器上，检测病人的呼吸情况，同时加上 GPS 定位数据来统计哮喘病人的分布情况。按照这样的方式来决策医疗网点的选址，的确照顾了群体的利益，并且可以依据群体的意志做出决策，但是忽略了某些个体病患的意志及诉求。此外，类似的还有在心脏、血管疾

---

① 陈明奇："大数据时代的美国信息网络安全新战略分析"，载《第 27 次全国计算机安全学术交流会论文集》2012 年版。

病高发区建一所心血管专科医院，在骨科病患多的地方建一所骨科医院。但是在骨科医院所辖射到的地区，同样存在一些患有其他疾病的病患，他们迫切希望政府能在距离他们较近的范围内建设相应的专科医院。所以，依靠病人分布数据做出的医疗网点的选址决策，就会忽略一些个体病患的第一时间被救治的诉求以及希望可以方便就医的意志。

另外，数据预测不仅体现人们的个人意志也体现在对犯罪可能性的预测上。学术界有一种假设：如有我们可以利用大数据技术去预测犯罪事件，从而在事先就可终止犯罪事件的发生。这听起来很有意义，预防犯罪事件的发生既可以减少受伤害的人数，又有益于社会的安定。然而这其中存在着很大的冲突。我们在预测了某人可能会实施犯罪行为后，就很容易对其进行有罪推定，想要在这个人犯罪之前就实施惩罚，这显然是不合法的，并且否定了这个人的基本自由；然而如果我们进行犯罪预测后，没有对其进行惩罚，那么此人很有可能会因为没有受到惩罚和损失而进行犯罪。在大数据技术的预测功能下，未来将发生的一切都可能被预测，那么作为自由主体的人类，是否该放弃自身的自由意志，去相信、依赖并跟随大数据技术的预测结果呢？这听起来十分的讽刺。大数据技术在为人类带来了简便、高效的社会环境的同时，也很容易地会取代人自由选择的能力。"大数据技术成为我们共同选择的手段工具，但这也可能会使我们放弃对自由意志的追求。"

## 四、数据鸿沟与社会公正

掌握数据者和不掌握数据者之间存在的巨大差距，特别体现在社会财富的分配和权力应用上。大数据技术，在使用的一开始就有差别性的存在，就是不公平的。大数据技术的使用前提，是要有技术、设备、专业人才等的储备，这是普通人所不具备的。这也是导致两者之间经济层面上不公平的起因。掌握大数据技术的人能够攫取公众的信息资料，而公众却不能进行反击，只能被动地被采集信息。在大数据技术环境中，占据大数据技术和设备资源的人，能在使用技术的过程中获得第一手的数据分析结果，并将其转化为利益、利润，是"较多获利者"的群体。不占据技术资源的人不能在大数据技术的使用中得到利益，是"较少获利者"的群体。按照罗尔斯正义原则的第2条："社会的、经济的不平等应这样安排，使他们被合理地期望适合于每一个人的利益；并且依系于地位和职务向所有人开放。"即某些社会、经济上的不平等，当且仅当那些在社会中最少获利个体的利益被补偿时，才是正义的。大数据技术使用者在搜集、采集并使用受众信息时，没有为社会的互惠互利考虑，没有考虑"较少获利者"的切身利益；在没有获得公众同意的情况下，使用公众的个人信息进行数据分析并从中获取商业利益，没有对公众进行经济上的补偿和酬谢，这是不正义的。比如说，大型零售业巨头和杂货铺的案例，证明了数据鸿沟是造成财富鸿沟的重要原因。

目前在商业竞争中流行一句话：得数据者，得天下。2015年1月，根据《纽约时报》的报道，很多零售商拥有的数据量比过去3年里增加了5倍。比如，大型的零售商沃尔玛通过掌握的顾客分析、商品分析等数据，较其他零售商形成了"不对称"的优势。沃尔玛首先对客户进行分析：客户在沃尔玛买到了每一件商品都会在后台留下一条记录。通过对这些购买的历史记录进行分析，沃尔玛就能够对数据进行分析，从而获取关于某类产品的销售频率、周期，同时也可把握顾客整体的数量、购买倾向以及购买周期等情况。具体到个体的顾客，沃尔玛也可以通过分析其每一次的购买情况，预测其购买需求、购买偏爱等可能性。综合获得的这些数据，沃尔玛可以有效地分析得出最忠实的客户群，并能挖掘出潜在的忠实顾客，为其提供个性化的销售服务。通过大数据技术，沃尔玛在商业竞争中获得了显著的优势，比方说，沃尔玛会统计在飓风到来之前，哪些商品要提高仓储量？要提高多少？反观小型零售商甚至杂货铺，由于其不具有数据优势甚至不能进行数据分析，可能会经常购入不畅销的商品而面临商品滞留货架的现象。总之，大型零售商与小型零售商之间，已经存在了一条数据鸿沟。这条鸿沟具体到社会利润的分配上，就形成了利润率的鸿沟，甚至是财富鸿沟。

# | 第二章 |

## 数据法律保护概述

## 第一节　数据与数据权

### 一、数据的概念与分类

（一）数据的概念

在大数据时代，数据的种类繁多，根据分类的标准不同，数据的构成也不尽相同。

根据大数据结构等级，可将大数据分为结构化、半结构化和非结构化数据。结构化数据是包含在关系型数据库和电子表格中的数据，可以用二维表结构来表达，通常是用数据从属的字段和每个字段类型来描述，例如，财务系统里的数据、企业 ERP 里的数据等。非结构化数据是不方便用二维逻辑表表达，无预先定义的数据模型或没有按预先规定组织的数据，其表现通常以文本为主，也可以是日期、数字和 facts（是个体或一个类成员属性值），例如，照片、图像等形式展示的数据。非结构化数据是先有数据，再有结构，而结构化数据是先有结构再有数据。半结构化数据介于结构化数据和非结构化数据之间，是缺乏由底层数据结构模型规定的严格结构的结构化数据，不经过进一步的处理难以得到完整的语义，例如，HTML 文档，它是一种自描述，没有明显的区分数据内容和数据结构。

根据数据被加工的程度进行分类，可以分为源数据、数据产品交易和数据模型交易。源数据又称为原始数据或者是原子数据，是指仅仅通过收集而未经过其他智力劳动进行加工的原始资料或者具体数据集，它强调的是物理上存在于终端用户使用而产生的数据。源数据的获得不经过智力劳动的加工，因此它不属于知识产权的保护范围，仅仅是一般财产性权利。数据产品是指将原始数据进行智力劳动加工后得到的数据，此时的数据已经被甄别处理，变成客户想要的信息，具有信息交易的特点，受到我国关于知识产权保护的法律法规的保护。数据模型是现实世界数据特征的抽象，用于描述一组数据的概念和定义。数据模型由三个因素构成，即数据结构、数据操作和数据约束。其中数据结构是对数据类型、内容、性质和数据联系的描述；数据操作是对系统动态的描述，包括数据插入、操作规则建立等；数据约束是一组完整的规则的集合，用限定的条件以确保数据的准确性。对源数据、数据产品和数据模型三个概念的划分，相当于对三个世界的划分，分别是现实世界（源数据）、信息世界（数据产品）和计算机世界（数据模型）。这是数据加工逐渐转换的一个过程。

根据数据收集的数据来源分类，可将数据分为公共数据源、社会数据源、商业数据源和个人数据源。公共数据源是指政府数据和公用数据。政府数据是由政府或其控制的实体产生或委托产生的数据；公用数据是来自公用事业单位的数据，主要包括档案馆和图书馆的数据、天气数据等。社会数据源是被社会所公开的各种数据，如互联网搜索数据、新闻公开报道数据。商业数据源是在合法条件下，通过商业渠道购买的或者相互交换分享的数据。个人数据源是指被个人允许收集的数据。

（二）数据与信息的区分

在计算机科学中，"数据"一词，泛指任何可利用计算机处理的材料，包含各种文字、数字及图表等。马费成等提出："数据是载荷或记录信息的按照一定规则排列组合的物理符号。"中国科学院提出："数据是指任何以数字化形式存储的内容，包括文本、数字、图像、视频、音频、软件、算法、动态模拟、模型等。"

"信息"一词，泛指任何现在或未来能让人或其他生物的感官所察觉的事实或想法。即所知是信息的内容，信息是所知的形式。信息并不完全等于所知，它是所知媒介上的投影，信息承载着所知，可由一般人感官察觉。在实践中，一般人应用的是信息的内容，非其形式。黄鼎成提出："信息是人们认识事物获取知识的唯一方式。"贾善刚提出："信息是指应用文字、数据、信号、声音等形式通过不同方式的传递和处理，以表现各种相互关系的客观事物在运动变化中所具有的特征内容的总称。"

有观点认为信息是经过处理的数据，而数据是片段、零星、不尽可靠的消息。实际上数据与信息是两个相对的概念，亦即只有被人认定具有意义时，数据才能成为信息。信息与数据的关系，体现于数据经过处理产生有价值的信息，提供制定决策的参考，决策的结果便是一连串的行动，而行动的实际情况，又借着回馈的数据输入信息系统中，提供下一次决策所需的信息。

有学者认为，数据是指一定事实或者状态的存在或者记录，例如未经处理的原始数值或文字即属之，其性质上属于客观、静态存在的问题；信息则系基于特定目的，对数据加以整理，甚至建立档案，性质上属于主观且需经动态数据处理的问题。①

信息与数据的区别，宏观上并无实质意义。但从微观上，以数据保护为例，其核心并非保护当事人数据权利受侵害的救济，而是保护当事人的数据免受侵害。换言之，在当事人数据权利受侵害之后或之前，国家即有保护当事人数据免受侵害的责任与义务。此外，个人数据具有确定性，而个人信息往往因收集者的主观目的不同而有所差别。个人数据与个人信息范围不同。对于个人数据的立法保护是为了保护以个人数据形式存在的个人信息，而非全部的个人信息；且个人信息因收集者的目的不同而有所差别，而个人数据则具有确定性。

（三）数据的分类

不同的标准对数据的分类不同，但所涉及的主体是基本一致的，主要包括网络用户、数据中间商和政府主管部门。

---

① ［美］彼德·德鲁克：《21世纪的管理挑战》，朱彦斌译，机械工业出版社2009年版。

1. 网络用户

大数据时代的广泛性使得各类主体都可以参与其中，网络空间法律主体最重要的就是用户，网络用户是指"在科研、教学、生产、管理、生活及其他活动中需要和利用网络获取信息改造自身知识结构的个体和群体"。网络用户是数据的所有者和生成者，同时也可以根据数据被"识别"到。在大数据时代，网络用户不仅仅是数据的生成者，他们同时具有多重身份，也是数据的传递者和接受者。具体来说，网络用户可以分为个人、法人和其他组织，自然人作为最主要的网络用户，即普通网民，现如今自然人的数据利益受到的侵害最为严重，法人和其他组织的商业秘密或其他信息在大数据时代也同样被置于危险之中。

2. 数据中间商

从字面上看，数据中间商就是夹在数据提供方和数据购买方的中间者，他们将大数据产业链的所有环节连在一起，但是本身却并不具有创造数据的能力，简而言之，数据中间商将从各地收集到的数据进行整合，提取其中有价值的数据，再把这种"有用"的数据提供给其他公司，较具代表性的有数据加工公司和数据分析公司。数据中间商的主要任务就是对数据进行分析加工，进而获取利益。例如，美国西雅图的著名交通数据处理公司 Indx 就是典型的数据中间商，该公司通过其建立的免费智能手机应用程序，掌握了美洲和欧洲将近 1 亿辆汽车的实时交通数据，将这些数据与历史交通数据进行对比，再结合天气和当地社会环境来预测某地的交通状况，他们分析出来的数据会被同步到其生产汽车导航系统中，同时也会被政府部门和社会管理组织所采纳。

由此可见，数据中间商挖掘出了数据的价值，是大数据链条上的重要一环，但是当前数据的滥用使得"中间商"掌握的数据成了兜售平台，有了泄露信息的源头就使得中间商可以轻易地获取数据后再向各地批发、零售数据，他们掌握海量数据，一些非法公司通过此平台买入数据后从事下游违法犯罪活动，从而形成整个产业链。一些犯罪分子利用购买的数据（包括个人信息和定位）进行非法讨债、诈骗，甚至是进行黑恶犯罪。

3. 政府主管部门

政府部门作为数据管理者，一方面基于公共管理的需要掌握着大量居民和社会组织的数据，因此在使用这些数据时应遵循合法合理的原则，维护网络用户的合法权益，防止数据的泄露。另一方面其作为社会管理者，需要对整个互联网大环境进行监管，监督整个大数据产业链的运转。对于政府主管部门的范围，各国（地区）立法上仍有争议。信息管理者可以从性质上划分为"公的部门"和"私的部门"两类。其中各国（地区）立法对"公的部门"的定义存在不同。对于"私的部门"的界定则较为统一，包括所有处理个人数据的法人和根据私法设立的自然人、法人和其他组织，以收集个人数据为要件。

## 二、数据权的构成与分类

数据权属是网络和信息技术发展过程中出现的一个新问题，产生的根源是由于个人、企业和国家在网络和信息技术的冲击下不断地被数字化和虚拟化，个人生活、物质生产和意识形态更易被渗透和重塑。随着互联网、云计算、大数据等技术的快速发展，全球数据量呈现出爆发式的增长，数据的流动属性和资源属性不断增强。通过大规模的数据收集、处理和分析挖掘，可以为企业创造巨大的财富价值，但是也可能对国家安全和个人隐私造成巨大的冲击。为更好地利用数据并减少其带来的负面效应，政府、企业和个人对数据权属的制度安排和主张提出了要求，并以此来保障国家信息安全，促进数据产业发展和加强个人隐私和数据保护。

数据权属构成与数据确权问题非常复杂。一方面，数据的来源具有多样性，个人、企业和政府对数据权属的认识和关注重点有明显的差异；另一方面，信息技术水平、数据控制能力、数据分析能力、跨国公司数量、国家外交环境等因素都对数据确权有一定的影响。如何构建数据权制度体系是个巨大的挑战。目前，不管是学术界近几年的研究，还是各国政府关于数据保护的立法实践，似乎都在有意无意地应验《大数据时代》中的一个观点：在大数据时代，对原有规范的修修补补已满足不了需要，也不足以抑制大数据带来的风险，我们需要全新的制度规范，而不是修改原有规范的适用范围。

数据权有两个维度的含义：其一，指向公权力，以国家为中心构建的数据权力，即国家数据主权，其核心内容是数据管理权和数据控制权；其二，指向私权利，以个人为中心构建的数据权利，包括数据人格权和数据财产权。数据人格权主要包括数据知情同意权、数据修改权、数据被遗忘权；数据财产权主要包括数据采集权、数据可携权、数据使用权和数据收益权。

在此，需要特别强调："权力是由人的各种天赋权利集合而成的"，表面上看"公权力"和"私权利"是一组对称概念，但实际上"权力"仍然是由"权利"集合而成的。另外，笔者主张在构建数据权利之外，还应构建数据权力，这是为了确保数据被合理地使用，以防因"权力天然扩张性"的禁锢而导致数据无法被高效利用的情形，因此需要正视权力乃是权利的一种衍生形态，国家权力的存在是以维护人们的权利为前提的，至少在数据权力的构建中需要沿循这个思路。然而，任何权利（力）谱系的形成并非"一蹴而就"，数据权谱系也不例外，它会像其他基本权利谱系一样，经历从"应有权利"到"法定权利"再到"实然权利"的历史转变。显然，从"应有权利"的角度描绘出大数据生态系统中的数据权基本谱系，有利于为构建数据权制度体系进行铺垫。有理由相信，随着大数据对社会治理的变革式影响，国家对数据权力会有更多的需求，人们对数据权利的主张也会日益迫切，更多的数据权力或权利将会被审慎构建起来，它们可能与这些基本权利（力）位阶并列（横向发展），也可能在这些基本权利（力）位阶之下（纵向发展），可以预见数据权谱系将会日益丰满和完整。然而，同时也必须注意"进行法律哲学思考，并非必须对全部的——或大多数的——法律哲学题目——重要的是，要针对典型的题目思考。"

因此，本书对于数据权的思考，并不打算"面面俱到"，而是更关注社会现实的典型问题，并做纲要式论述。将数据体系分为数据权力和数据权利两个维度，在数据权力框架中以数据主权为起点，在数据权利框架中以数据人格权和数据财产权为起点。数据权体系的内容可能会随着社会变化而发展，但其两个维度和三个起点是相对稳定的。

（一）数据人格权

个人数据保护是信息社会公民个人隐私权保护的核心，加强个人数据保护的呼声日趋高涨。个人隐私权的概念由来已久。自美国学者布兰戴斯和沃伦在《哈佛法学评论》上发表的《论隐私权》一文提出隐私权概念以来，隐私权作为重要的公民人格权内容逐渐在法律层面得到了确认。[①]随着大数据时代的到来，隐私保护关注的重点转移到了个人数据保护方面，各国对个人数据保护非常重视。例如，欧洲法院的一起判例支持了欧洲公民保护个人数据和隐私的主张，并宣布欧美数据共享协议（即"安全港协议"）失效。

（二）数据财产权

大数据应用产生的经济价值不断显现，需要数据确权的制度性安排，从而促进数据产业发展。国际数据公司（IDC）和EMC（2011年）的研究显示，2011年全球产生的数据总量高达1.8ZB，并预计到2020年，全球产生的数据总量或将达到35ZB。麦肯锡（MGI，2011年）的研究报告估计，大数据应用将为欧洲公共部门创造1500亿欧元~3300亿欧元的潜在价值，将为美国医疗服务业带来每年3000亿美元的价值。[②]美国德克萨斯大学的研究显示，企业通过提升数据使用率和提高使用数据

---

[①] 王忠：《大数据时代个人数据隐私规制》，社会科学文献出版社2014年版。

[②] 冯伟、梅越："大数据时代，数据主权沉浮"，载《信息安全与通信保密》2015年第6期。

的质量，能够显著提高企业绩效。企业数据使用率提高 10% 可带来零售、咨询、航空等领域的人均产出分别提升 49%、39% 和 21%。虽然数据已经呈现出爆发式增长，并可以产生巨大的经济价值，但是数据作为一种资源，并没有被赋予资产属性，数据所有权或产权没有被广泛认可。由于产权制度是市场经济发展的基础，是决定经济效率的重要内生变量，因此，数据产权制度是一个亟待研究的问题。

（三）数据主权

随着跨境数据流动日益频繁，以及对国家安全造成的冲击，数据主权概念应运而生。数据分布广泛且具有流动性和易复制性，因此数据的跨境流动不可避免。自 20 世纪 70 年代计算机在世界范围联网以来，跨境的数据流量不断增长。思科的数据显示，到 2016 年全球 IP 流量将达到 1.1ZB，到 2020 年将达到 2.3ZB。[①]作为一种事关国家安全的战略性资源，如此巨量的数据流出国境可能对国家安全造成影响。因而，数据是否需要从国家层面进行必要的保护、管理和利用成为关注的重点。此外，"棱镜门"等重大的信息安全事件的爆发也表明对数据的收集、处理和分析可能对国家安全造成重大威胁，数据跨境流动对国家安全造成冲击是现实存在的。正是如此，部分学者提出数据主权概念，主张从主权高度，以应对可能出现的威胁国家安全的情况。

---

① 沈国麟："大数据时代的数据主权和国家数据战略"，载《南京社会科学》2014 年 6 期。

## 第二节　数据保护的法理基础

### 一、出于保护个人数据信息的必要

（一）个人数据的概念

如今，越来越多的国家对个人信息的保护予以关注并制定了相关法律，明确其概念是制定这些法律的基础。从各国的相关立法来看，各个国家对个人信息的称谓并不统一，比较常见的称谓有"个人数据""个人隐私"和"个人信息"等。其中，欧盟为主的一些国家使用"个人数据"这一称谓，具体在《个人数据保护指令》中是指"与一个身份已被识别或可被识别的自然人相关的任何信息"。美国没有单独的个人信息保护法，对个人信息的保护主要是将其以"个人隐私"的形式纳入《隐私法》中予以保护，类似的国家还有加拿大、澳大利亚、比利时等。采用"个人信息"的主要是韩国、日本等国家。[①]我国学者对于使用何种称谓更能体现立法目的并能全面地保护个人信息这一问题上也存在过争议，但目前在学术界的主流观点倾向于使用个人信息这一称谓。

对于个人信息的定义，在法律上并没有做出明确的界定，我国法学专家齐爱民教授认为："个人信息是一切可识别本人的信息的总和，这些信息包括了一个人的生理的、心理的、智力的、个体的、社会的、经济的、文化的、家庭的等等方面。"

---

① 崔聪聪等：《个人信息保护法研究》，北京邮电大学出版社 2015 年版。

据此，笔者认为个人信息是自然人在社会生活中形成的、依附于一定的载体之上、具有识别特征的信息，包括自然人的身份信息、社会情况信息、财产状况等各种信息。

在英语中，数据和资料均为 data，那么个人数据与个人资料可以说并没有本质的区别，信息在英语中则为 information。资料主要指固定于一定物质载体上的符号，更多地强调客观上的内容，而信息意在表现价值，带有主观色彩。"个人信息是个人资料经过处理后可以为人所用的内容"。笔者认为，当前形势下，人们更关心信息带来的价值，而非数据本身，因此，制定的法律更倾向于保护个人资料的内涵即个人信息，而不应单单局限于资料这些客观的数据，个人信息明显更符合大数据时代的特点。

个人隐私是指公民私人生活中不愿为他人所知，不受他人非法搜集、刺探和公开的私人信息。个人信息可以是私密的，也可以是公开的。大数据时代，数据的规模与种类已远远超过传统的数据，大数据的产生使个人信息的内容变得多样与复杂，隐私已不能包含其内容。当然隐私与个人信息具有密切的联系，它们的内容相似又有明显的区别，有的个人信息于隐私，比如住址、电话号码等，有的个人信息则不属于隐私，比如身高、体重等，同样地，有的隐私如日记、个人的心理活动等也不属于个人信息。可见，个人隐私注重私密性，个人信息倾向于可识别性，二者是有明显区别的。

（二）个人数据保护的法理基础

1. 保护人格尊严的需要

人格尊严是指人作为法律主体所应当受到的尊重和承认。

作为各种社会关系中的人，不仅存在物质需求，在精神层面上也需要得到满足。人格尊严是人之为人最基本的权利，而自主能力是人格尊严的重要内容。

网络数字技术让整个世界进入了全面记忆、永久记忆的阶段，我们在网络上所开展的各项活动，包括社交、购物、游戏等均被网络记录下来，即便我们在可操纵的页面进行了删除，网络的后台仍能储存我们的足迹，而面对这一切我们却无计可施。有学者提道，被遗忘权实质上是一种由个体控制哪些个人信息可以作为评价个体的依据的权利。在传统社会，个体可以控制自己公开信息的范围和广度，即便现已公开的一部分信息不利于自己的正面评价，伴随着人类记忆系统的作用，给他人留下的不良印象也会随着时间慢慢淡去。

而在网络时代，信息的传播和存储功能之强大已经远远超越了人们所能控制的范围，人们逐渐丧失了对自我的选择权。我们在网络上留下的种种痕迹通过技术化手段形成了"数据人格"，在熟人社会转向陌生人社会的这一时代，人们已经习惯于动动手指上网搜索他所想要了解的对象的信息，这比现实接触更为经济和便捷。在这种情况下，"数据人格"慢慢替代了现实人格，人甚至成为数据的表征，人们之间的交往总是依赖于数据的展现，而不是真正地去接触和感受。我们没有机会选择如何向他人展现自我，数据已经塑造了一个翔实且可被论证的自己，因此有人发出了百度、谷歌可能比我们自己还要了解我们的感叹。有学者称这严重影响了人的本质属性，使我们丧失了人的主体地位，是一种技术异化。而个人数据保护的初衷正是来解决这一新问题的。

## 2. 数据隐私保护理论的发展

数据隐私保护理论是在科技的不断进步给传统隐私保护理论带来挑战的过程中产生的。同样地，每一次科技领域的重大突破也伴随着数据隐私保护理论的重大变迁。20 世纪 70 年代电脑和网络的兴起，不仅极大地改变了人们的生活方式，同时使大幅度增长的数据收集和处理行为给人们的隐私带来了新的威胁。英国在当时的一份白皮书中就指出了这种威胁的可能性：电脑能够运作庞大的信息记录系统，虽能够有助于保存各类资料，但是也能够在不同地点供不同的人快速便捷地获取信息。为了应对此种威胁，人们提出"数据最小化原则"以限制数据控制者对个人数据的收集和使用。"数据最小化原则"的核心是约束数据收集方只能收集与数据处理目的直接相关且必要的个人数据，并且对该数据的保存以数据收集目的的实现为准，也就是说除了为了实现数据收集的目的外，收集方不得保留该数据。"数据最小化原则"还被写入了《95 年数据指令》第 6.1 条（b）（c）款和 2001 年欧共体《关于与欧共体和组织的个人数据处理相关的个人保护以及关于此种数据自由流动的规章》第 4.1 条（b）（c）款，法条中规定个人数据的收集必须是具体的、明确的、合法的，并且依据收集和进一步处理的目的是必要的、适当和不过分的。①

21 世纪后，网络社会进入了 Web2.0 时代，社交网络和搜索引擎的发展和普及改变了人们的隐私观念，人们开始愿意在网络平台上主动分享自己的信息。主动公开信息成为一种常态

---

① 于敏、谢鸿飞：《欧洲侵权法原则——文本与评注》，法律出版社 2009 年版。

化的现象，并逐渐成为人际交往的重要方式。与此同时，人们对数据隐私的担忧也逐渐加深，有人把互联网戏称为"永不疲惫的第三只眼"。在这一网络时代，除了出现技术监控问题外，个人对数据的失控也引发了人们的关注。人们不了解自己在网络上发布的信息会用在何处，有时甚至不知道自己的数据会被收集。为了减少人们的数据失控局面，平衡网络用户和互联网公司的信息不对称性和数据控制力量的悬殊，"数据控制原则"应运而生以弥补"数据最小化原则"的不足。"数据控制原则"在欧盟等国家的立法实践主要表现为对数据收集方的以下几个要求：第一是告知规则，数据收集方必须告知用户数据收集和使用的目的、范围；第二是选择规则，数据收集方必须允许用户选择是否同意该数据用于除初始目的以外的其他的目的；第三是修正和删除规则，数据收集方应当允许用户对个人数据进行修正，以及在必要时候予以删除；第四是安全规则，即数据收集方在收集和使用用户的个人数据时必须保证数据的安全性。这些规则在实践中一定程度上加强了用户对数据的控制权，提高了个人数据保护的力度。

大数据时代的来临，造就了前所未有的数据挖掘和数据利用，这一时代与以往收集数据明显不同的是，数据收集者改变了数据收集的模式，不再仅依据事先制定的收集目的来收集和储存数据，而是将所有的网络痕迹全部收入囊中，并依靠全网传输分享、智能分类等方式进行存储。这种"收集先于目的"的收集方式所带来的结果是：一来网络数据存储量呈直线增长，二来网络用户对数据的控制权比以往任何时候都要趋于弱势，因为人们根本无法猜想到何时自己的信息被收集，又在何地被使用，更别谈控制数据的流向了。对于数据的掌控者来说，他们不仅可以多次利用人们的个人数据，而且能够通过所掌握的数据预测更多有关个人的隐私，例如，通过搜索记录和消费记录预测消费倾向，从而推送类似的购物广告等。很多学者提出我们正身处大数据时代的数字化"敞视式监狱"之中，互联网、移动终端等无时无刻不再监视着我们的一举一动，并以永久保存的机制记录着我们的所有行为。由此数据隐私保护理论迎来了又一次的变迁，即"语境保全原则"。这一原则强调数据不可跨语境运用数据，即数据不能从一种语境中转移到另外一种语境中去。大数据时代由于存储数据变得十分容易和价格低廉，一些过时的、与数据主体的现实情况不符的数据仍然充斥在网络之中，并不时地被用来作为评价数据主体的依据。事实上，这种因为时间的流逝而脱离语境、失真过时的数据在除了为统计、历史记载等公共利益必须保留以外，并无存在的必要，因此，清除过时的数据不仅能够预防其对数据主体造成的伤害，而且能够有效促进数据更新，更真实地反映数据主体当下的情况。

## 二、出于数据产权保护的必要

（一）数据交易的概念

"交易"在不同的学科中，其概念存在较为明显的差异。在经济学中，基于不同的论点，对数据交易概念存在不同理解。康芒斯认为交易是一种合法的使所有权主体发生改变的方式，这里的交易体现的是人与人之间的关系，属于广义上的交易。康芒斯将交易分为三大类：一是买卖的交易；二是管理的交易；

三是限额的交易。科斯对交易则具有不同观点，他将交易定义为"通过价格机制的调节，实现生产要素在不同的所有者之间流转，是资源配置过程"。在法学中，交易最为广泛的理解是一种解决纠纷达成的协议。《牛津法律大辞典》对交易的解释，是指任何双方为解决有争议的权利而达成的协议。[①]

对"交易"概念的阐述发现，各个概念之间虽然存在差异，但却表明能够用于交易的事物都以具有价值为基础，或是一种资源，或是一种权利。数据之所可以进行交易，也正是因为数据是一种资源，具有价值（当然数据的价值还需进行分析来挖掘），可以满足社会需求。因此，笔者认为，数据交易是指将数据作为一种商品在不同的数据所有权者之间进行交换，满足不同主体需要的行为。数据交易的结果是数据产权的转移。

数据交易是数据价值得以更好实现的基础，它可以实现不同数据之间的交换，数据可以在不同领域不同部门之间自由流通，进而可以让政府或者企业或者个人都能够获得更多、更全面的数据。数据交易不仅提高了资源利用效率，而且使得社会主体可以获得更加丰富的数据，有助于发现更多的具有价值的潜在规律，促进社会的进步。

（二）数据交易中蕴含的法律问题

对于数据交易，国内研究文献主要关注以下几方面的问题：

第一，数据所有权归属。对于数据权利的归属，从目前学者发表的文献来看，都是先对数据所有权归属的现状进行分析，

---

① 丁璐、刘康："大数据环境下的地税征管审计实践"，载《审计月刊》2015年第8期。

然后，建议依据数据的不同类型，所有权由不同主体享有。

第二，个人隐私数据的保护。数据交易中的数据可能涉及个人隐私信息，稍有不慎就会造成个人隐私的泄露，对他人正常生活造成干扰。因此，如何保护个人隐私不受侵权，就成为数据交易中需要解决的重要问题。对此，学者们提出了较多建议，其中最为普遍的观点是对敏感数据进行清洗或者取得数据主体的同意才可用于交易。

第三，数据交易定价。由于大数据的特性，决定了数据交易定价存在一定的困难。数据交易定价因数据交易方式不同而不同，包括一对一的协商定价模式、一对多的系统自动定价模式和动态应有效果定价模式。

对于上述三方面问题，第二个问题我们将在个人数据保护部分进行探讨，第三部分不属于法律研究范畴，因而在数据交易的法律规制部分，我们主要讨论数据所有权属的法理学说。

个体信息只有被特定个人或组织按照特定目标、方式搜集并整理，构成的数据集或数据库才具有明显的经济价值，这是一个价值增值的过程。换句话说，个体数据整合后的数据集或数据库具有财产属性，主要表现为可复制性和可产生价值两个方面。这类数据对于大数据企业来说是关键资产，也是交易的主要标的物。现有法律对数据搜集者的保护属于知识产权范畴，多基于汇编权，即付出额外劳动，对已有资料和信息进行整理以体现出独创性，从而获取法律上相应的经济权利。但汇编权要求编排体例具有独创性；不含独创性的汇编则是欧盟《数据库指令》中所指的数据库，其经济权利来自于对数据的搜集和整理。两者的差异在于适用法律不同，前者适用版权法体系，后者适用反不正当竞争法体系；此外，前者的保护客体在于数据结构，而后者在于数据本身。德国则以版权邻接权对不具有独创性的数据库内容给予保护。无论如何，数据从人身权属性汇集而变为财产权属性的关键正在于搜集整理者在此过程中所付出的特定投资、劳动或成本。

数据搜集过程合规是数据交易合法的前提条件。该过程一般采取合同约定的形式，受合同法保护，实践中多为格式合同。但传统的知情同意制度在大数据时代存在不少限制，用户的同意可以视为同意数据搜集和利用的意思表示，但数据可能存在多次利用，而意思表示同意的授权往往仅为一次，这无疑扩大了意思表示的范围。现有的互联网环境很难使个体或组织对格式合同尽应有的注意。针对该问题，国外司法实践是在数据搜集过程对搜集者规定一定的限制，如欧盟 1995 年《数据保护指令》规定，数据收集需要遵循目的特定和使用限制。特别是，搜集者必须征得个体的同意，必须对数据个体以明示的方式作出说明，包括详细的使用范围和目的。1995 年美国的《个人隐私与国家信息基础结构》白皮书规定了互联网时代对个体数据搜集的基本原则：告知和许可。告知指必须告诉个体数据搜集的范围，许可指必须得到个体同意后才能利用数据，并提供个体要求禁止使用相关数据的方法和途径。关于数据搜集者对数据的处理，美国《网络用户个人隐私保护法案》规定，网络服务提供商（ISP）未经用户同意，不得买卖用户的个人数据信息。但该法案于 2017 年 3 月被废止。数据的搜集范围往往受到如"禁止交易含有个人信息的数据"等法律限制，因此市场上流通的大数据一般经过匿名化处理。有学者认为匿名化处理切断了数据和数据源之间的联系，企业因此应享有对数据的有限所有权和相应的处分权。

对于大数据企业来说，数据的所有权和数据硬件所有权可能并不属于同一主体，这会增加交易中的风险。因为其租用的机房或云空间在物权上并不归其所有。云计算的侵权责任具有侵权主体多元化、侵权跨地域化等特征。美国司法实践往往将用户通过云计算方式侵犯第三者专利权的行为认定为分离侵权、帮助侵权或引诱侵权，我国司法系统则没有采用这个较新的概念，依然认定其为共同侵权，这无疑加重了云计算提供商的风险。

### 三、出于数据监管的必要

#### （一）数据监管的内涵

大数据是通过量化角度认识世界的有效途径，也是改变市场格局、组织结构，以及政府与公众关系的独特方法。在寻求量化与认识世界的过程中，资源不断被数据化，对大数据的透彻掌握能使其转化为信息资本和数据资源，进而成为经济价值的来源。大数据具有转化为国家重要公共信息资源的潜力，作为重要的信息资本和数据资源，俨然已被各国政府提升到了战略高度。政府部门也开始考虑向大数据管理迈进，在数据信息量飞速增长的当今，通过多元化渠道来搜集数据资本，挖掘决策信息，支持政策制定已成明显趋势。大数据能否显著提高政府的数据管理水平，这主要取决于政府数据管理方式的转变、管理能力的提升和技术创新的速度。大数据时代的来临，为政府数据管理带来机遇，同时也构成挑战。政府应当怎样运用和应对大数据，通过组织和分析将大数据转化为有用的公共信息资源，主动跟随大数据的时代转型来变革政府数据管理模式，使这一新兴公共信息资源更好地服务于公众与组织，是现阶段政府部门需要解决的重大课题。

1. 数据主权

在大数据时代的虚拟网络空间中，数据信息有着极高的开放性。大数据具有越来越高的关注度，显而易见地被视为更易利用的"工具"。大数据同时又是大规模海量的更复杂、更敏感的数据，这使之成为更具吸引力的目标，黑客就将攻击很好的隐藏在这些大数据当中。虽然传统的检测是单个时间点进行的基于威胁特征的实时匹配检测，但是隐藏于大数据之中的攻击是高级的可持续攻击，极难被难检测到，极易迷惑和误导安全服务提供商。同时，如若攻击成功，就能获得更多的数据，提高了攻击的"效率"，因此也会吸引更多的潜在攻击者。控制大数据信息的国家实际上就控制了信息世界的要害。美国一直宣扬"互联网自由"，这种攻击性的文化很好地利用了数据信息的渗透性，并充分利用自己的先入优势牢牢把握着信息领域的霸权地位。2010 年的"谷歌事件"，带给我国很大警示。因而，数据主权的捍卫，应该成为我国政府管理大数据专题中的应有之义。

2. 数据公开

政府体制改革与电子政府信息共享是这一议题的内源动力。继 20 世纪 70 年代之后，西方许多发达国家就掀起了一系列声势浩大的政府改革运动，大都是以转变政府职能、树立以公民需求为导向的公共服务理念为核心内容，这也成为政府进行信息化工程以及政府信息共享的内在动力。尽管西方各国进行政府改革的出发点与动机复杂迥异，但其直接的根源均是以追求优质、高效的行政管理行为为初衷。为此，欧美等西方国家主要在优化政府职能、规范行政管理行为、提升行政效能与服务质量等方面进行了着力改革。随着政府改革的日益深入，"电子政务"工程应运而生，并逐步成为世界各国政府的"新宠"。此后，这一工程更是在全世界范围内急速发展推进，并取得不菲成就。当然各个国家改革的原因是千差万别的，既有主动改革亦有被动改革，但是直接的推动力均是追求政府行为的效率化和优质化。为了实现这一行政目标，很多国家都对政府职能进行了改革和转变，例如，对政府的公共管理行为进行了规范，对政府机构进行了简化等，这些措施在不同程度上都提升了政府工作效率，增强了公共服务品质。

中国正处于社会转型的关键时期，社会转型的最重要方面就是实现政府职能的转变，从过去的"管制型政府"向"创新型政府"和"服务型政府"过渡。政府职能转变是与中国完善社会主义市场经济制度相呼应的，只有实现政企分开、政府简政放权、简化政府审批流程等目标，才会尽快提高政府效能与公共服务质量，为市场经济的健康发展保驾护航。社会公众和企业对政府的需求是多元的，甚至是复杂的，因此对政府服务的要求也是愈来愈高，即其提供的必须是综合性且完整的服务。为此，政府必须合理地设置政府的各个职能部门、各个层级，这样才能做到服务的针对性，一旦服务需求产生就可以迅速高效地对接到相关的政府职能部门或层级。另外，政府职能部门和层级间的信息交流和信息综合也是非常重要的，毕竟有时候对政府服务的需求不是单一职能部门能够解决的，这就需要恰当的信息共享机制和合理的业务协同机制，以方便不同职能部门和层级协同解决问题。由此而言，数据公开对于履行政府部门的职能就显得十分的重要。

3. 数据交易市场监管

我国"十三五"规划建议中提出了实施国家大数据战略，并于 2015 年印发《国务院关于印发促进大数据发展行动纲要的通知》，明确了发展大数据、促进大数据交易的要求。自 2014 年 2 月以来，我国已设立了中关村数海大数据交易平台、贵阳大数据交易所、长江大数据交易所、武汉东湖大数据交易中心、徐州大数据交易所、河北大数据交易中心、哈尔滨数据交易中心、江苏大数据交易中心、上海大数据交易中心、湖北长江大关村数海大数据交易平台、贵阳大数据交易所、长江大数据交易所、武汉东湖大数据交易中心、徐州大数据交易所、河北大数据交易中心、哈尔滨数据交易中心、江苏大数据交易中心、上海大数据交易中心、湖北长江大数据交易所、陕西西咸新区大数据交易所、浙江大数据交易中心等十余家大数据交易平台与中心。国内大数据交易刚刚起步，但已呈现出发展迅猛的态势。2014 年中国大数据产业规模大约为 1038 亿元，2015 年产业整体规模达到 1692 亿元，2016 年末，市场规模达到 2485 亿元。而随着各项政策的配套落实及推进，到 2020 年，中国大数据产业规模或达到 13 626 亿元的高点。对大数据交易，除国家政策文件之外，贵州省率先出台了具有法律效力的地方性法规《贵州省大数据发展应用促进条例》（2016 年 3 月 1 日起施行），各交易平台也相继各自出台了大数据交易的行业规范。但整体而言，我国大数据交易还处于初级阶段，并未形成完整的交易规范体系。

大数据交易本质上属于商事交易，交易安全则是商事活动中法律追求的终极价值目标，在与自由、平等的平衡中，安全毫无疑问地被置于最高的境界，正如霍布斯所说："人的安全乃是至高无上的法律"，"保护生活、财产和契约的安全，构成了法律有序化的最为重要的任务自由与平等应当服从这一崇高的政治活动的目标"。在交易安全视域下研究大数据交易的法律监管，对于避免大数据交易风险、规范大数据交易行业都有着重要的意义。因而，政府进行市场秩序的监管也是十分必要的。

面向大数据管理的技术与模式研究首先兴起于西方国家，政府希望运用大数据来增强其解决诸如自然灾害和恐怖袭击等国家难题的能力，同时提升其服务公众的信息和咨询功能。国际上已有一些国家推行了先驱性的政府大数据探索，并积累了管理经验。主要内容包括：

（1）着力开展国家数据管理。面对大数据带来的挑战，各国政府给予空前重视，以不同方式开展大数据管理，于宏观层面部署本国大数据战略。2004 年，英国政府建立水平扫描中心，以提高政府应对跨部门和多学科数据管理挑战的能力。2011 年，水平扫描中心通过对多渠道数据进行深入分析，预测了环境保护对缓解资源紧张局势和维护国际安全的作用。2010 年，美国总统科学技术顾问委员会在报告《设计一个数字化政府：联邦政府的网络和信息技术研究开发》中阐释了大数据发展策略，认为在数据向知识和行动的转换过程中，网络信息技术将发挥重要作用。2012 年，欧盟委员会在 "2012 欧盟数字化议程和挑战"中指出，大数据战略是数字化议程的一部分。2011年，韩国国家信息通信技术战略总统委员会提出大数据发展倡议，呼吁建立广泛的政府大数据网络分析系统，促进政府和私营部门之间的数据整合。

（2）拓展公开信息数据资源服务平台。更大程度地公开和整合政府数据资源，是提高政府信息公共服务能力以及政府公信力的有效方法。2009年，英国政府建立公共数据资源网站 da-ta. gov. uk，向公众开放来自7个部门的官方数据。同年，美国政府整合1279个政府部门、236个民间组织和103个移动网络媒介的数据资源，开放 Data. gov 网站。澳大利亚政府信息管理办公室通过政府2.0计划使用自动化工具来支撑政府大数据的存储和搜索，运行 data. gov. au 网站提供政府数据的公众访问通道。韩国卫生福利部建立社会福利综合管理网络，分析来自35个机构的385种不同类型公共数据。新加坡政府建立门户网站 data. gov. sg，向公众开放从50个部门和机构搜集的包含超过5000个数据集的政府公共数据访问通道。①

（3）自主探索跨部门、跨区域的数据管理合作。结合国家层面大数据管理部署，进行部门间或国际间合作是一个较好的途径。政府部门和区域根据自身数据管理特点，制定各自层面的特色数据管理策略。2002年，美国政府与 IBM 公司共同合作，政府部门广泛应用了 IBM 公司的信息流与大数据技术，建立了以流计算和数据仓库为基础的程序开发和管理系统，创造

---

① 载 https：//www. myzaker. com/article/586f65941bc8e02c11000040/，截至访问日期：2017年3月17日。

了大规模实时信息数据的探索和可视化平台。英国等 17 个国家也与 IBM 公司共同发起了 DOME 大数据合作项目，开发能够处理每天来自平方公里列阵射电望远镜的超过 1EB 数据集的超级计算机系统，探讨新兴技术于日常积累的大数据的计算、存储和分析的应用。当前，我国政府也在进行数据管理的探索。2010 年起，国家统计局采取措施，推进四大工程和信息化建设，为大数据应用奠定基础；国家统计局自 2011 年着手研究政府大数据应对之策，提出打造政府数据采集的第二轨；上海市政府运用大数据，对接 1 号店、上海钢联等企业，落实大数据在政府管理中的战略要求；南通市以综合数据管理平台为突破口，依托政府支持，协调 48 家成员单位，探索出部门信息归集运用新模式。

（二）数据监管的理论渊源

1. 公共强制理论

美国的一些经济学家以社会控制论为基础，运用其所建立的比较经济制度的理论框架系统分析政府监管成因的理论，被称为公共强制理论，其较好地解释了监管为什么能被长期视为最合理的解决市场失灵的选择的原因。公共强制理论提出，最优的制度设计必须在控制无序与专制这两个冲突目标之间进行权衡并做出选择。

解决市场失灵问题的公共控制策略主要有私人诉讼、监管式的公共强制与计划经济（国有制）三种方案，其中，监管式的公共强制——政府监管，优于其他两种公共控制策略。首先，政府监管比私人诉讼成本更低。同为解决市场问题的方法，私人诉讼所产生的社会成本高于政府监管的社会成本。从单个原告的角度看，其提起诉讼的成本可能大大高于其所受到的损害；而以公法为主导的政府监管，诉讼成本较低。法律的执行，存在规模经济性，监管使政府能将个人的申诉汇集起来，对违法者处以赔偿性处罚，同时预先防止不安全产品带来的危害，因此，其比要等大量违法行为发生后才能提出的侵权赔偿诉讼的成本更低。其次，在防止无序方面，政府监管具有独到的优势。与法官不同，政府监管机构的官员拥有专业知识，在特定领域拥有追求社会公共利益的动力，因此，他们可能比无此特殊动力的法官更难以被利益集团所操纵。最后，由政府全面控制的计划经济（国有化）存在固有的无法克服的弊端。人类已有的历史实践已经证明，由政府全面控制的计划经济（国有化），必然使企业产品的成本更高而且质量更低，政府再怎么聪明，也不可能准确预测生产技术和消费者品位的变化，不可能控制经济系统的各种不确定性。当然，政府监管存在着缺陷，但是其缺陷可以通过在这几种不同的公共控制策略之中维持一个合理的结构得以避免。

对出现市场失灵如何选择矫正机制，斯蒂格利茨认为，由于市场失灵现象在新兴与转轨国家更为普遍存在，政府监管经济的力度应比富有国家更重；施赖弗提出，只有私人秩序甚至法院都不能有效控制严重的无序状态的情况下，政府才有必要加以监管，当交易参与者之间"武器对比"不平衡的情况越严重，政府监管的必要性越高。公共强制理论通过分析不同公共控制策略的特点，较有力地解释了监管产生的原因——与其他公共控制方式相比较所具有的优势，超越了纯粹的经济学分析框架。在该理论的指引下，发端于美国的政府监管制度为其经济的繁荣奠定了基础，其监管机构在其经济运行和社会发展中的作用逐渐增强，监管范围也进一步扩大。但是，公共强制理论毕竟属于规制经济学的范畴，其将法律作为一个常数，并未关注法律系统本身。该理论虽力图解释为什么合同法和侵权法不能成功解决市场失灵和外部性问题，但是并未深入法律系统内部去分析其中的根本原因。

公共强制理论告诉我们，就解决市场失灵的替代机制而言，尽管有多种公共控制策略可供选择，但是，政府监管由于其固有的特点而具有其他公共控制策略所不可替代的优势，是市场失灵时替代市场机制最合理和最有效的机制，因此，处在转轨时期的国家，应该重视政府监管制度的建设，努力朝监管型国家（政府）迈进。但是，尽管政府监管在解决市场失灵时是最优的替代机制，其本身也存在缺陷，应当注重其与其他公共控制策略相互之间的配合与平衡，从而使其缺陷得以避免。在立法给定市场框架的前提下，私人诉讼和政府监管在解决市场失灵问题中都不可或缺，二者的权重则取决于该国的具体国情。对处于转轨时期的中国而言，市场失灵现象的大量存在，市场无序的程度很高，私人秩序甚至法庭都不能加以有效的控制，这些基本的国情使政府监管在我国不仅不可或缺，而且政府监管经济的力度应重于西方发达国家。因此，为了使我国顺利由计划经济体制朝市场经济体制成功转轨，我们必须清楚地认识到我国给政府配置监管权力的必要性。

2. 法律不完备理论

法律不完备性理论由卡塔琳娜·皮斯托教授与许成钢教授提出，其以法律的不完备为前提，通过研究剩余立法权在立法机关、法庭以及监管者之间达成最优分配的条件，证明了监管的必要性和优势及其生成原理。[①]

该理论认为，市场秩序和规则要依赖于法律，在市场经济的发展中，法律及良好的执法制度具有决定性的作用。在法治社会下，立法是由立法机关完成的，法庭则是中立的、被动的执法机构。已有的关于是否需要监管者的理论都隐含了一个基本假设——法律是完备的，即对任何案件，法官都能按法律明确推断出何谓犯法、犯法将遭受何种惩罚。但是，由于现实社会是不断变化的，立法者不可能预料将来要发生的全部事情，因此，任何法律都是不完备的。在此情况下，必须依靠法庭执法来解决问题，法庭执法却可能产生阻吓不足或阻吓过度的结果的，会对市场经济产生不利影响。

当法律不完备时，为了改进执法效果，可引入主动的执法方式。法律不完备是因为人们的知识不完备，通过引入监管机构的主动式执法，执法者能在执法过程中获知立法者制定法律时并不完全知悉的情况，因而能改变执法效果。法庭的中立性决定了法庭不能成为主动执法者，因此需要有一个与法庭相分离的机构，这个机构即为"监管者"——政府。在有害事件发生前，法庭执法的被动性使其不可能有所作为，但是，主动式执法可以主动采取措施，甚至直接要求停止某一行为。由于法律的不完备，需要分配给监管者剩余立法权。通过剩余立法权（解释现有法律，适应环境变化，并把它扩大适用于新案例的权

---

① ［美］伊利莎白·奥萨利文等：《公共行政研究方法》，彭勃等译，上海财经大学出版社 2008 年版。

力）来理解法律的含义，从而实现法律对社会生活的规范作用，并借由执法功能强制性保证立法得到迅速实施。完善法律是监管者最基本的功能，由于法律本质性的不完备，正规立法的变化要求很高，而监管者制定的法规与立法机构的立法有许多差别，在适用时间上一般较短，适用范围也较窄，其折衷了不完备的法律与复杂的现实之间的差异。当然，监管者的主动权力并非是无限的，而是具有相机性，其目的在于应对不完备法律带来的、可能会给社会带来灾难的空缺。监管机构既制定规则又执行规则，兼备立法权及执法权的双重特性使监管者的立法活动能直接从其执法活动获地益处。

对出现市场失灵，如何选择矫正机制，法律不完备理论认为，若法律高度不完备，损害行为能被标准化，并且该行为的继续存在将导致大量负外部性，则监管机构优于法庭；否则，由法庭拥有立法及执法权是最优的。监管的成本性决定了建立监管制度的条件，只有当法律特别不完备时或者有害行为足够大，大到使得人不得不支付监管加给其的成本时，才能建立监管制度。"法律的不完备性"理论主要用来解释执法制度，但其影响的不只是执法问题，作为一种分析基本社会制度的理论，其还强调执法和立法之间的交互作用，并认为这是监管者关键性的作用。法律不完备性理论深入法律系统内部，讨论了为什么需要监管和监管者这一本质问题。该理论证明了合同法和侵权法之所以不能解决市场失灵和外部性问题，是因为法律（立法）本身的不完备。

法律不完备性理论告诉我们，由于合同法、侵权法等传统法律本身的不完备，很难成功解决市场失灵问题。因此，形成并发展能够回应复杂经济现实的需要、更具灵活性、以追求实质正义为核心的现代法律如经济法，是当今人类社会应对传统法律之有限性的必然选择，而选择具有主动性、灵活性、相机性特点的主动执法方式——政府监管替代被动的法庭执法方式，正是应对法律不完备客观现象的最有效的手段之一。法律不完备性理论对政府监管制度的建构主要有如下的启示：

首先，政府的监管权与法庭的司法权除存在主动性与被动性的差异外，二者更具同质性的特征，即政府监管权具有准司法性特征，包括独立性、专业性等，因此，合理的政府监管权力的配置，应该也必然会充分体现、保障政府监管权的这些准司法性特征。尽管政府主动监管是法庭被动执法的替代方式，但是政府监管权毕竟属于行政权，其必然要受到司法权的控制。因此，在配置给政府监管权力的同时，必然包含着针对政府监管行为的司法救济。

其次，政府监管的成本性意味着在有些情况下，即使法律不完备，也并不必然需要给政府配置监管权力来应对，只有当法律不完备，并且人们愿意承担监管成本时，给政府配置监管权力才具有存在的充分条件。因此，政府监管的对象必须具备相当的重要性，损害监管对象所产生的结果对全社会的危害必须非常巨大，以致为了避免该危害的出现，人们愿意承担对该对象设立政府监管而产生的成本，如此一来才有通过立法给政府配置监管权力的必要性。

最后，私人诉讼和政府监管在解决市场失灵问题中都不可或缺，二者的权重取决于具体争端的特点，因此，在给政府配置某种监管权力之前，应当先弄清被监管对象所属领域中法律不完备的程度及性质以及对致害行为进行标准化的可能性与该行为产生的预期损害和负外部性的大小。只有调整被监管对象领域的法律高度不完备，致害行为能被标准化，并且该行为的继续存在将导致大量负外部性的前提下，建立政府监管制度才是最好的选择。

（三）数据主权的概念与理论基础

1. 数据主权的概念

在一段时间以来的学界研究中，学者们往往会使用"信息主权"这一概念来论述网络空间内的主权问题。如学者杨泽伟认为，信息主权主要是指主权国家在网络信息领域的自主权和独立权；任明艳学者认为，信息主权是国家主权在网络信息活动中的体现，是指国家对信息必然享有的保护、管理和控制的能力；学者冉继军认为，信息主权可以理解为国家对于所管辖内特定信息的控制权；学者孔笑微认为，信息主权由经济主权、政治主权和文化主权派生出来并与新信息观结合而产生。但最新的研究文献则开始使用"数据主权"的概念，如齐爱民老师提出"国家数据主权，指的是一个国家对本国数据享有的最高排他权利"。客观地说，信息主权和数据主权两个概念在很多情况下可以通用，特别是在研究网络空间领域内的国家利益或者安全法律方面的主题时，信息主权和数据主权的区分并不是这类研究的重点。

可以看出，在"大数据"的时代背景下，当前学界关于"信息主权"的界定方式存在着不足之处，对数据主权或者数据主权的特殊性未能作出明确的阐述，不能生动地描述出"主权"作为一国之最高权力在网络空间内的体现。

2. 数据主权形成的法理基础

对于数据主权形成的理论基础，主要有以下三种观点：

（1）数据自主权说。数据自主权说也可称之为虚拟空间自治说，该类学说的主张者认为信息权利属于共享性权利，任何人都享有平等的权利，均可自由地根据网络虚拟空间的惯例性规则进行管理和维护秩序，且不得受任何国家政府的监控和侵犯，是一项基本的人权。

从互联网时代以来，特别是迎来了大数据时代之后，数据信息高速传输和交流，导致世界大多数民众都对于大数据时代的信息没有一个国界的权利性的概念，认为信息都是共建、共享和共有，不需要国家进行监督管理，所有国家在数据信息共享中都享有平等的权利。但是通过 2013 年的斯诺登事件，再度给我们敲响了警钟，人们开始逐渐发现：随着互联网的发达和完善，虚拟网络也逐渐形成了国界和领域，如不对本国的大数据信息进行监管控制，极有可能会导致一些数据信息强国的霸权入侵，造成一种文化软实力上的侵犯和霸占，轻则对个人的信息进行监控和盗取，侵犯个人的隐私和信息安全；重则肆意妄为，逐步干涉别国内政；而一些信息技术落后的国家就只能落后挨打，国家数据信息安全遭受威胁，信息疆域受到侵犯，导致国家主权被霸权强行干涉，弱化其在国际关系中的地位。这不仅损害了国家尊严，也丧失了国家利益，在信息资源竞争如此激烈的社会中必然处于劣势。

（2）数据主权说。数据主权说也可称为国家干预说，该学说认为大数据时代的信息空间属于独立于领海、领陆、领空、太空的"第五空间"。虽是虚拟空间，但与国家物理空间具有非常密切的联系和相似性，任何虚拟空间的行为都不可能脱离物理空间主体——人的参与，是国家领土的一部分，且民众在享有信息权利的同时，国家对于本国的数据信息享有信息主权。我国的学者大都持此种观点。正如上文中所提到的几位有代表性的学者，早期的如孔笑微、龚文痒、蔡翠红等，都主张信息主权是国家主权在信息领域中的展现。近几年，像任明艳、冉继军等研究者，都将信息领域或者说信息疆域视为独立于国家传统意义上的领土之外的"第五空间"，是各国不断对其安全进行强化和管理的领域。由此不难看出，大多数国内学者都认为信息主权属于国家主权的一部分，需要国家对其行使信息主权。

（3）数据相对管辖权说。相对管辖权说也可称为管辖相对论，该学说认为大数据时代的信息空间应当定位成像公海一样的公共领域，世界上的每个国家的网民都可以在该领域内进行活动。享有权利的同时也要履行义务，当该领域内的人或者活动触犯了法律时，各国都可以在其可以控制的程度和范围内行使管辖权，适用法律。信息相对管辖权说是对国际化形势下的信息主权从本体论的角度加以分析、研究的理论，强调的是交互性主权观念，而非主体性主权观念。当下全球互联的大数据信息网络由众多主体构成，每个主体出于对利益的保护都要构建相应的信息主权，而协调和配合是单一主体实现信息主权的前提，而全体的利益实现又要靠所有单一主体去发挥主观能动性。大数据时代下的国家信息主权亦是如此，信息主权的实现具有更强的国际主体间的相互依赖性。但是，这种学说强调各国在可控程度和方式内进行管辖，却忽略了当今世界各国信息技术上的差距问题，信息弱国处于劣势，容易滋生信息霸权。

主权国家发展进程表明，国家主权的内容呈渐进式发展态势，其管领的空间随着人类活动空间的拓展而扩张到领地、领海、领空，直至当前的网络空间。目前，全球网络空间基本处于事实上的无政府状态。没有管领力约束的空间，是最为"混乱"的地方。在大数据领域中，数据产生者、使用者、存储者大多都是分离的，网络空间中的不同行为主体以不同的目的为导向，不仅仅依赖传统路径来获取更多的网络资源，而且还利用大数据来扩展自己的行为范围。然而由于大数据客观地提供了新的资源和技术支持，我们将更容易面临有组织的网络犯罪和网络恐怖主义等所带来的威胁：一方面，威胁国家的政治外交、军事冲突、内政事务、经济发展等；另一方面，威胁个人隐私、财产和人身利益等。不能在数据强国以"自由、开放、共享"的理念"忽悠"下而忽视"安全、发展"，须知"自由、开放、共享"只是网络空间价值观的个人属性，"安全、发展、机会均等"则是更重要的社会属性。因而，在大数据时代，数据主权应该是国家主权在网络空间的核心表现。

（四）数据公开的概念与理论基础

《中华人民共和国政府信息公开条例》中指出："政府信息是指行政机关在履行职责过程中制作或者获取的，以一定形式记录、保存的信息。"相对应地，政府数据就是指行政机关在履行职责过程中制作或者获取的，以一定形式记录、保存的数据。

开放政府数据（OGD）的含义并没有统一定义，国内研究中一般指的是数据开放体系，也就是政府以一定的开放数据模式把自己掌握的数据开放给社会公众使用。国外的研究对其理解有所不同，有研究认为政府数据开放就是要创造一个可持续的生态机制来发挥政府数据的社会、经济和政治价值。在数据开放领域，政府作为最大的数据拥有者，理应成为开放数据的主体。

开放政府工作组提出开放数据八项原则，即满足以下条件的公共数据可称为"开放"的政府数据：完整、一手、及时、可获得、可机器处理、无歧视、非私人拥有、无须授权。

政府数据开放包括以下要点：第一，政府运用信息技术，主动向公众免费地、无需授权地开放政府数据。因此，它具有机器可读性和开放授权的特征；第二，开放政府数据就是强调对政府数据资源的开放，数据资源包括原始数据和加工处理过的数据，数据开放的重点应放在开放和共享上；第三，政府数据开放不仅是政府的行为，更是政府将政府数据向社会公众或特定的个人或组织开放的制度。

为促进政府数据开放进程以及立法建构，首当其冲是要在理论上厘清政府数据开放的原因。

1. 开放政府理论

20 世纪 70 年代西方掀起了新公共管理运动，学者们从不同的角度分析政府，提出了多种政府理论，如有限政府理论、无缝隙政府理论、责任政府理论、服务型政府理论等。随着政府改革实践的不断深入，学者们深刻意识到，政府要实现改革目标，首先需要政府的开放。

开放政府最早出现在 20 世纪 50 年代信息自由立法的介绍当中。1957 年派克（Park）的论文——"开放政府原则：依据宪法的知情权"首次提出了开放政府理念，其核心是关于信息自由方面的内容。派克认为公众使用政府信息应该是常态，并且信息仅仅在有限定的条件下才限制使用。①

随着很多国家对信息法案的修订，尤其在 2009 年美国政府颁布了《开放政府指令》后，开放政府的理论又被重新提起。当然，美国政府所指的开放政府和派克当时所指的开放政府差别较大。②因为美国政府所指的开放政府是在大数据环境下，政府的开放与信息技术结合，并在开放政府原有的"透明"基础上，增加促进政府创新、合作、参与和灵活性等因素，丰富了开放政府的内涵。

2. 数据权理论

数据开放运动的兴起，推动世界各国掀起了建设数据网、保障公民应用数据权利的数据民主浪潮。数据权的概念发起于英国，主要内容是将其视为信息社会的一项基本公民权利，让政府所拥有的数据集能够被公众申请和使用，并且按照标准公布数据。因此，早期的数据权理念强调的是公民利用信息的权利。

但是随着数据的进一步开放，大型网络公司对于历史文献资料的数据化，商业集团对于客户资料的搜集，政府部门对于个人信息的调查与掌握，社会化媒体对于社会交往的渗透与呈现，使国家和政府加强了对数据主权的关注，并将其纳入了数据主权的范畴。数据主权源自于信息主权。信息主权是国家主权在信息活动中的体现，即国家对于政权管辖地域内任何信息

---

① ［美］彼德·德鲁克：《21 世纪的管理挑战》，朱彦斌译，机械工业出版社 2009 年版。

② 谭海波、蔡立辉："论'碎片化'政府管理模式及其改革路径：'整体型政府'的分析视角"，载《社会科学》2010 年第 8 期。

的制造、传播和交易活动，以及相关的组织和制度拥有最高权力。因为数据主权中的数据指的是原始数据，因此，数据的外延要大于信息主权的概念。鉴于数据的重要性，各国都在积极加强数据的安全和保护。

### 3. 公民权利与政府义务

除了以上理论观点外，我们也可以从行政权力主体的义务证成和行政相对人的权利基础两个维度认识政府数据开放的理论基础：从行政权主体维度看，政府数据开放属于政府的职能范畴；从行政相对人维度看，政府数据开放是公民知情权在大数据时代的扩展和延伸，监督权和行政参与权的充分行使客观上也对政府数据开放提出了时代要求。

（1）政府数据开放是政府职能的体现。政府数据是行政机关依照法律法规的规定在履行职能过程中采集、制作、产生或者获取的，并通过一定的形式记录、保存的数据资源，包括政府部门直接或者通过第三方依法采集的、依法授权管理的和因履行职责需要而形成的数据等。政府向社会开放其履职过程中依法制作、采集或者获取的数据资源，是大数据时代政府的当然义务。

行政职能，又称政府职能，是指"国家行政机关承担的国家职能"。在现代国家中，政府的行政功能较传统行政有了明显的改进和扩展。通过行政权的行使，政府充分发挥了积极主动的国家作用，承担着维持、保卫、扶助、管制、服务和发展等职能。尤其是随着大数据时代的到来，政府开放数据已经成为政府履行行政职能的有机组成部分，并发挥着愈加重要的作用。一方面，促进经济发展是政府的一项基本职能。开放政府数据，促使数据这一资源在市场和社会中畅通流动和配置，激发市场活力，创新生产方式，释放社会活力，推动经济发展方式的转变，这是政府承担经济发展职能的新内容。另一方面，提供优质的公共服务、增进社会公共福祉也是政府的一项重要职能。随着福利社会的发展，政府的职能发生了重大转变，"政府要负起充实国民社会权并积极兴利的责任，而非仅是消极地排除社会病态而已"。政府提供公共服务客观上包括提供公共数据信息资源的服务。政府数据通常由行政机关或者授权行使行政职权的公共部门因履行职责而产生、制作或者获取而来，政府采集数据的目的在于开展公共行政、提供公共服务，其经费来源于公共财政，政府数据本质上是公权力行使的产物，是公共产品而非私人所有，具有公共性。政府开放数据是大数据时代政府提供公共服务、增进公共福祉的新的职能要求。

（2）政府数据开放的权利基础。从权力主体的角度看，政府数据开放是现代政府的一项重要职责，是大数据时代政府职能范围的延伸和扩展；从行政相对人的角度看，政府数据开放也并非是无源之水，有着深厚的权利基础。公民的权利基础，也是政府数据开放的重要理论支撑。

（3）依法治国是政府数据开放的法理基础。法治的基本含义有两方面：一是有一个能够平等地适用于所有人的法律；二是没有高于法律之上的权威。政府和国家官员的权力受到法律的限制，政府数据开放，既是限制、监督政府权力的必要途径，也是保障公民知情权的必要途径。对政府来说，由于自身利益需求的驱使，总是有垄断信息即所谓"保密"的趋向。这种所谓的保密，使得政府避开了公民的监督，走向权力滥用，最终走向腐败。对此，诺贝尔经济学奖获得者斯蒂格利茨有过精辟论述："政府官员有着制造信息保密的激励，因为借此可以获取租金。秘密的出现使得新闻舆论对公开的要求呼声更加强烈，官员有时仅仅向那些和自己相处关系好的新闻界人士公开信息，用这种方式来获取租金……信息保密培育了滋养特殊利益集团的肥沃土壤；增加了管理租金，加大了交易成本；使民主过程中的公众参与大打折扣；使得媒体舆论无法形成对政府滥用职权的监督制衡机制。"布兰代尔大法官也说过，"阳光是最好的消毒剂"。因此，为了预防信息权力寻租，堵塞暗箱操作的暗流，政府数据必须公开。这样既可限制和监督权力，又可保障公民的知情权，从而保证依法治国的真正实现。

## 第三节　数据法律保护的基本原则

### 一、个人数据法律保护的基本原则

个人数据保护制度目前需要解决的问题，就是在当前时代跟上技术发展的脚步，进一步保障个人数据安全，避免个人数据被数据管理者滥用。同时，企业在收集数据时，作为市场经济的主体，具有营利的目的，不能因为需要保护数据安全而完全抹杀其应当享有的合法利益，而其他公共管理部门收集数据的目的初衷也是为了利用收集到的数据来进一步完善其公共职能。同时，云计算技术与物联网技术的发展，导致目前数据在收集分析处理这一系列过程中的安全存在不稳定性。因此，为了缓解当前较为尖锐的个人数据利用与个人数据保护之间的矛盾，个人数据保护制度应当明确以下几点基本原则：

（一）个人数据保护的民法基本原则

1. 最小化原则

在大数据时代个人信息处理十分普遍的背景下，最小化原则的重要性不言而喻，应当是大数据时代个人信息处理的首要原则。

最小化原则的核心是必要性和适当性，即信息处理者对于信息主体的个人信息的处理应是必要的，且其所处理的个人信息应当符合适当性要求，而不能超出不必要的限度。最小化原则主要是通过对个人信息处理目的的明确实现的。具体而言，主要包括三方面内容：一则信息收集的目的应在收集之前列明；二则个人信息的处理和利用应限于列明的收集目的；三则如要将信息变更目的使用，必须有法律依据，且只能在有限的范围内，变更后的目的也必须明确。值得注意的是，目的的明确性并不意味着对目的的限制。在大数据时代，个人信息的价值更多地来自于对个人信息的二次利用，因此无需严格要求个人信息处理者对个人信息的处理必须局限于最初的收集目的，但个人信息处理者应当确保其对信息主体个人信息处理的目的始终是明确的，必要时应当履行变更的告知义务。

在大数据时代，鉴于个人信息处理行为是如此的普遍且能够带来巨大的价值，因此有理由相信个人信息处理者具有最大限度收集信息主体个人信息的欲望，而这可能带来极大的损害。索罗芙认为，限制信息披露有助于提高个人意思自治和自决，披露的风险可能阻止人们开展某些可促进自我发展的活动。而过度的信息披露使人们受到历史记录的约束，成为信息记录的奴隶，可能破坏个人改变自身行为与生活方式的能力。离开对信息披露的法律保护，人们可能因担心某些信息被披露而不敢自由地参与政治、宗教和社会活动。为了防止个人信息处理行为可能造成的对信息主体合法权益侵害的发生，个人信息的处理者在处理个人信息时，应当最大限度地克制自己不必要、不适当地获取信息主体个人信息的欲望，最大限度地自我约束处理行为，严格遵循个人信息处理的最小化原则。

2. 质量和安全原则

质量原则主要是指个人信息处理者所处理的个人信息应该保持准确、完整和及时更新。质量原则的贯彻必须与明确特定的个人信息处理目的相关。同时，当个人信息有误时，应当及时予以更正。而安全原则则是指个人信息的处理者应当采取适当的技术和组织措施，确保被处理个人信息的安全，防止其被非法泄露、修改、利用或灭失。尤其是当个人信息处理涉及在网络中传输数据时更应当严格遵守，以避免非法处理行为的发生。

当前，关于个人信息处理的质量状况令人担忧，即个人信息的不准确、不完整和不及时性。个人信息的不准确性可能会导致信息处理者对信息主体的误判，如将 A 之不光彩的个人信息误挂钩于 B；个人信息的不完整性则可能导致对信息主体判断的片面性，产生截然不同的误差判断；而个人信息的不及时更新则可能使得信息主体在很多年前的不光彩个人信息即使在多年后仍然无法抹去，甚至可能伴随其一生。这些都可能对信息主体的人身、财产造成侵害，亦有可能影响信息主体的自主决定能力，如可能因不准确、不完整和不及时的个人信息丧失就业机会等。而当前个人信息处理的安全状况则更令人不忍直视。由于缺乏对数据安全的责任意识，更多是出于追求利益的本能，有关个人信息的泄露、被入侵或非法转卖事件屡见不鲜，甚至已经形成黑色产业链。很多时候信息主体因个人信息泄露所受到的骚扰和侵害，其准确性往往令人匪夷所思，如在证券公司开设炒股账户的信息主体可能不断地收到有关推荐内幕股票、提供资金的骚扰电话等。因此，确保个人信息的质量与安全对保护信息主体的权益是至关重要的。

3. 透明原则

所谓透明原则即个人信息应以对信息主体而言透明的方式进行处理，无论是个人信息处理之目的、所处理之内容，还是处理方式和规则等，信息主体都享有知情的权利。

在大数据时代的个人信息处理中，在信息处理者和信息主体之间存在严重的信息不对称现象。而信息不对称现象的存在严重妨碍了信息主体对自身个人信息被处理过程的知悉，也直接导致了其人身和财产权益的损害。当前，由于信息主体对处理情况所知甚少，因而导致个人信息处理实际上成为有利于信息处理者的单边谈判。事实上，由于透明度的缺乏，信息主体显著缺乏与个人信息处理者的议价能力，何况他们既缺乏经验和技术，又缺乏充足的时间和精力。因此，应当要求个人信息处理者在处理信息主体的个人信息时，严格遵守透明原则。

4. 信息主体参与原则

无论是最小化原则，还是质量与安全原则，抑或透明原则的实现，都离不开信息主体的参与。作为个人信息的产生者，信息主体也应当有权利参与大数据时代的个人信息处理。在大数据时代，信息处理者对个人信息的处理，其目标函数应当是信息主体福祉的最大化，且行为不得与该宗旨相违背，因此确保信息主体的参与监督至关重要。信息主体参与原则的实现主要是通过知情权、查询权、更正权、反对权和删除权等权利实现的。

个人信息处理者在处理信息主体的个人信息时，应当履行告知义务，并应满足信息主体查询的权利，对于不正确的个人信息应当进行更正。当个人信息的存储已经不被允许或不再需要，或其准确性无法确保，或信息主体反对时，应对相关个人信息采取阻滞或者删除手段。

在信息主体参与原则所要求的诸多权利中，知情权的重要性不言而喻，除此之外，比较重要的是信息主体的查询权和删除权。通常而言，信息主体可查询的主要信息主要包括：一是个人信息是否被处理，处理的目的为何，与处理相关的个人信息的种类，个人信息已存在的或潜在的接受者或接受者的范围，尤其是在第三国或者国际组织的接受者，个人信息的存储期限或存储期限的确定标准，以及如若个人信息并非从信息主体处直接收集，其所收集的来源等；二是正接受处理的个人信息以及与其来源相关的任何信息；三是与信息主体有关的个人信息的自动化处理所涉及的逻辑等。

为了减少不必要的个人信息查询成本的发生以及由此给个人信息处理造成的不利影响，对信息主体查询权的实现可以要求其符合相应的形式、次数或期限，并对查询费用的分担方式予以规定。信息主体在行使查询权时，应当符合合理性要求。但无论如何限制，都应当以保障信息主体的知情权，方便信息主体为主，而不应将过当的时间、精力和金钱成本由信息主体负担。因为在大数据时代的个人信息处理行为中，与个人信息处理者相比，信息主体显然处于弱势地位。

删除权（the Right to be Forgotten），又称被遗忘权，是指信息主体有权要求信息处理者永久删除其某些个人信息的权利。删除权由欧洲法院在一份判决中首先提出，并在 2012 年欧盟的《个人数据保护指令修正案》中予以明确规定。[①]删除权的判断核心在于个人信息处理行为已经背离了信息主体的本意，超出了信息主体所能容忍的限度，并可能或事实上对信息主体的人格或财产权益造成侵害。赋予信息主体删除权意味着当相应情形出现时，信息主体可以此为依据要求信息处理者停止个人信息处理行为，删除有关个人信息，从而防止可能损害的发生，并就已发生的损害请求赔偿。与查询权类似，删除权的实现方式亦可因实际情况的需要作出具体规定，以既满足信息主体的需要，确保信息主体的权益，又不损害个人信息处理行为的进行和数据经济的发展。

5. 分类保护原则

由于不同的个人信息以及个人信息处理对信息主体合法权益的损害不同，其保护要求也不同，因而在个人信息的保护中应当注意区分类别，并在此基础上实行分层级保护。

在侵权法中，存在损害位阶性理论，即受法律保护利益的范围取决于利益的性质；价值越高，界定越精确、越明显，其

---

① Aly G、Roth K, *The Nazi census*: *Identification and control in the Third Reich*, Philadelphia: Temple University Press, 2004.

所受的保护就越全面。生命、身体和精神的完整性以及人的尊严和自由受最全面的保护；财产权包括无形财产权受广泛保护；纯经济利益和契约关系的保护可受更多限制。具体到个人信息保护中，由于类别的不同，其对信息主体可能造成的损害自然不同。举例而言，隐私性个人信息与非隐私性个人信息对信息主体造成的精神损害可能完全不同。处理信息主体的隐私性个人信息通常会给其造成较严重的侵害，而处理非隐私性个人信息则由于其本非隐私，甚至早已处于公开状态，因此可能造成的侵害会相对轻微。与此同时，当前对信息主体个人信息的侵害主要是人格利益的侵害，而财产利益的侵害虽然亦存在，但侵害程度显然与人格利益不可同日而语。

因此，对个人信息的民法保护应当坚持分类保护的原则，注意根据不同的个人信息与个人信息处理类别提供不同程度的保护，对某些类别在现有情况下可暂不予以纳入保护范围，而鼓励其利用，以符合大数据时代个人信息处理之需要。

（二）个人数据保护的刑法基本原则

1. 效益原则

所谓效益原则就是要求在保障发展和维护安全两者之间找到一个平衡点，不因强调安全而影响了合理使用，从而阻碍了社会的进步，生产力的发展，同时也不因为强调进步发展，而疏忽了互联网的安全。

大数据可以产生价值，比如可以利用大数据来提升城市的智慧水平，使得城市管理不再是单纯的"经验管理"，而是智慧的"科学管理"，大数据是一种未来的趋势，大数据代表的是最先进的生产力，在大数据的发展过程中，法律应当为其提供有力的保障。但目前关于大数据合理利用规则的缺失，长远来看，将不利于大数据产业的形成与发展，所以法律也要对其不利的一面加以限制。

在大数据的使用中，需要站在制度设计的层面统筹考虑，既要保护用户隐私和个人信息安全，同时也要最大程度地挖掘出信息本身的价值。

首先，数据隐私需要保护，但是大数据的应用又非常具有价值，这两者之间的关系需要平衡好。目前我国还缺乏合理开发利用用户数据的管理规范。在《电信和互联网用户个人信息保护规定》中，确立了保护用户的信息以及如何合理利用数据的基本原则，但是具体的规则，比如如何制定商业规则、如何确定合理开发、利用的法定情形，当用户的隐私权遭到侵犯，应当如何惩治等，这一系列管理方面的问题，则没有具体的规定。可见，缺少合理的规则，长远来看，将不利于大数据产业的形成与发展。

其次，数据的信息安全问题有待解决。大数据应用必然会带来用户数据的使用和共享，多维的数据交互将意味着更大的信息泄露风险。一旦经营者保护用户信息不力或者遭遇信息窃取，势必引起用户恐慌，对涉及的公民财产安全、国家安全产生重大威胁。

2. 适度超前原则

法律作为一种实践活动，与社会的关系有三种观念：第一种是法律同步于社会，法律既不超前，也不落后，而是与社会的发展同步，否则法律就不符合社会的实际，难以执行，也不能发挥法律应有的作用；第二种是法律的发展滞后于社会的发展，法是对现存社会生产关系的肯定；第三种是法律超前于社会的观点，认为社会的发展可以通过人类的理性加以认知。大数据技术的突飞猛进、日新月异，其对社会生活的各个方面都将产生深远且深刻的影响。大数据技术迅猛发展，在立法上应当为保持一定的超前立法思想做出有远见的规则安排，从而真正保护技术进步，使大数据技术为人类造福。

3. 积极预防、重点保障原则

积极预防是指在信息和网络空间的安全保障过程中，要使用各种技术来防范风险，以各种强制性来规范信息安全过程中可能出现的安全风险。信息安全基本上是不可逆转的，一旦发生安全事故，事后再去采取补救措施是很难弥补的。因此，信息安全重在预防。网络空间的信息安全范围非常的广泛，在进行安全保障时，应抓住重点的环节进行重点保障，这是一个基本的出发点。全面撒网、全面开花的保障方式费时费力，在经济上、人力上也是不可行的。

（三）个人数据信息保护的行政法原则

1. 法律保留原则对收集和处理个人信息的具体要求

现代行政下行政机关的行政管理活动，或表现为干涉行政，或表现为服务行政。从行政机关管理的角度看，信息社会无论是服务行政还是干涉行政，皆需要行政机关收集和处理个人信息，以达到行政目标。为了保障公民的个人信息权利，凡是对公民产生一定影响的行为，必须用法律加以控制。通过法律授权正是行政机关收集和处理个人信息活动的正当权力来源，这种权力非凭行政机关的行政命令可以达成。

为此，法律保留原则要求行政机关对个人信息的收集或处理，皆需要有法律授权，即必须经由全体公民合意的法律授权给行政机关。如果行政机关的收集或处理个人信息行为没有法律规定，则该权力的行使不具有正当性。也就是说，如果行政机关收集和处理个人信息的行为，没有法律的明确授权规定，而仅仅是根据行政机关的行政规范性文件或行政命令作出的，则不具有合法性。

2. 比例原则对收集、处理个人信息活动的具体要求

根据比例原则的内在要求，对个人信息的收集和处理而言，必要性原则和狭义上的比例原则尤为关键。对于信息收集或处理的方式对于行政目的的达成是否必要、收集或处理信息对公民个人信息的利益影响与行政目的所达成的公共利益之间是否均衡，比例原则无疑是一个有效的分析工具。行政机关在收集个人信息时，首先必须考虑的是，该项个人信息的收集是否有其必要性？对于必要性的衡量应该有严格的标准，即仅在为履行当前的行政任务时，才得以收集个人信息。而且，在收集信息的过程中，应考虑收集手段和收集目的之间是否合乎比例，再采取适当措施。

3. 符合明确性原则的基本要求：信息目的拘束

目的拘束原则，又称为目的明确原则，指行政机关收集和处理信息的目的应予明确。目的明确原则要求行政机关收集和处理个人信息的行为，应依据明确的法定收集目的进行，不得在没有特定目的、超出特定目或任意变更特定目的而收集和处理个人信息。信息目的拘束原则，实质上对个人信息的采集确立了原则上的禁止。

4. 信息收集与处理活动应遵循的程序规则

（1）告知。行政机关的告知义务是指行政机关应在收集和处理个人信息的过程中，向信息主体告知信息收集的法律根据、答复义务，以免行政机关恣意侵犯信息主体的信息自决权。告知程序是信息主体实现其信息自决利益的关键程序。如果未加告知，信息主体对自己信息的收集和处理情况便无从知晓，当然其信息自决权益内容也就无从谈起。

在程序上对信息主体充分的告知，是各国个人信息保护法制所普遍接受的内容。如《美国隐私权法》规定，行政机关在公开个人的信息之前必须首先通知被记录的人，征求他的意见，在没有取得个人的书面同意以前不能公开关于他的记录。

告知的事项具体包括：收集信息的目的，该次信息收集所根据的法律或依据何项法律授权，信息收集者通常向何人或何组织或国家机关公开所收集的信息，在信息收集所了解的范围内前述各机关会将个人信息如何传输等相关问题。

告知的具体要求：告知程序要求行政机关在收集或处理个人信息活动之前，必须告诉信息主体信息收集的目的、范围、法律根据、使用方式和使用期限等。

（2）表明身份。表明身份，要求行政机关在收集或处理个人信息的过程中，应向信息主体表明身份，从而便于信息主体判断其是否为法定的信息收集和处理主体，以决定是否允许行政机关收集或使用。

表明身份的意义在于：一方面可以对行政机关形成一种内在的约束，明确其主体的职权范围及收集和使用信息的目的，从而依法收集和处理；另一方面，有利于公民明确信息的控制主体的资格，对收集和处理信息主体实行有效监督。

（3）说明理由义务。说明理由，要求行政机关向信息主体予以说明信息收集和处理的事实依据和法定根据，是正当法律程序的重要组成部分。

说明理由是保障个人信息自决权实效的重要机制。信息收集和处理在信息化、电子化时代的背景下，最大的特点在于：行政机关可以通过计算机和网络轻点鼠标而云集大量个人信息，而公民却毫不知情。正是通过说明理由的程序制约，要求行政机关将信息收集和处理情形向信息主体予以阐释，为信息主体实现并准确行使信息自决权提供了制度前提。

说明理由的关键价值在于：对收集和处理个人信息的程序操作过程中的自由裁量权进行一种理性的控制，促使人们建立起对法律程序的公正性的信心。说明理由在收集和处理信息的程序，除可以限制和约束行政恣意外，还具有尊重个人信息自决权的价值。行政机关向信息主体说明收集目的、使用范围、保障措施及收集欲达成的行政目标，信息主体对自己的个人信息的收集和处理情况得以知晓，从而决定是否同意将个人信息由行政机关收集和处理。

## 二、数据产权保护的基本原则

目前，我国在大数据交易的法律监管方面的政策法规几乎没有，地方政府中仅有贵州省出台了全国首部大数据地方法规《贵州省大数据发展应用促进条例》，但仅从一般民商法角度对数据交易需要遵守的基本原则、交易合同及交易场所作了原则性规定，并未凸显大数据交易与一般交易的差别。基于大数据与一般交易对象的不同，在大数据交易的监管中，保证大数据交易安全、自由流通才是重中之重，大数据交易法律监管的目标，实质上是要实现大数据交易安全与数据自由流通两大立法价值之间的平衡。

（一）交易安全原则

根据《中国大数据交易产业白皮书（2016）》，大数据产业链包括六大方面：数据源层、硬件支持层、技术层、交易层、应用层、衍生层，大数据交易只是大数据产业链中的一个环节。就大数据的产业现状和发展趋势而言，六大环节中应用层发展最为迅速，在技术层、数据源层以及衍生层支持下，在大数据相关产品及应用的不断普及的背景下，未来五年，应用层规模将达到应用市场规模份额的40%，至3187亿元。为满足应用层对大数据的交互、整合、交换的需求，大数据交易也将进入迅猛发展期间。大数据交易是大数据流通的重要途径，大数据产业各个层面之间已经通过大数据交易的方式实现数据流通以及数据价值的兑现。因而，大数据交易的发展，既能打破行业信息壁垒，实现信息共享，又能够完善大数据产业的生态环境，实现各个层面的协同进步，推动大数据产业链的全面发展。

交易安全对大数据交易产业的发展有着极为重要的意义。在交易安全之下，交易安全不但能够保证交易双方财产不受损失，还能够保证交易双方的预期利益得以实现，并最终实现双方的经济利益和交易目的，以达到法律保护交易各方利益、促进交易的目的。交易安全是法秩序价值体现，大数据交易本质上是以大数据为标的物的商事交易，大数据交易立法的目标就是通过建构合理的健全的法律制度，实现大数据交易正义的社会秩序。

（二）遵循合理定价原则

大数据商品的本身价值、应用的具体场景、交易机制的影响、市场竞争的强弱等都会影响大数据的缔约价格。为了促进大数据交易的发展，必须对大数据进行合理定价，降低交易成本。首先，要完善大数据交易机制，与数据交易市场更加成熟的国家企业开展合作，引进先进的交易理念、流程、制度，并在实践的过程中根据我国的实际情况进行业务模式的创新；其次，完善数据质量评价指标，并使其具备可操作性。客观、科学的评价标准可保证交易数据的质量和价值符合卖家的需求，平台可依据指标给出合理的参考价，以避免交易后双方关于数据价值的纠纷；再次，营造充分的市场竞争环境。当越来越多数据提供商和数据买家参与市场竞争，数据商品的定价会在竞争的压力下根据其价值进行调整，趋于合理。而数据交易次数的增多，也可降低单笔数据的交易成本。最后，要促进公共部门数据的开放。目前国家层面还没有明确数据开放的相关法律，当前迫切需要建立针对数据开放的相关法律、标准与执行、监督措施。因此，不仅要推动各级政府及相关社会组织实施数据开放，还要规范政府数据开放行为。政府数据以免费或者低成本的开放，能避免企业垄断政府数据的使用权限，可进一步降低数据交易成本。

（三）数据交易公平原则

大数据交易市场要增强大数据交易的透明度，公开大数据产品的交易价格、交易单数和交易趋势，保证数据买家在公平的环境中平等地竞争。数据平台要严格地对数据卖家的交易资格与数据产品进行审查，保证数据的描述真实，质量符合交易标准，价格合理。如果发生不公平的欺诈交易，及时维护数据买家的合法权益。

### 三、数据监管基本原则

目前，我国在大数据保护方面的政策法规还付之阙如，建章立制并非朝夕之间即可完成，但基本原则的统率和指导却必不可缺。对大数据进行监管的目的在于实现数据的保护与数据自由流通、合理利用这两大利益之间的平衡。一方面在于创设规则，确认数据之上的权利；另一方面在于创设和搭建数据平台，促进数据的自由流通和利用。该基本原则包括数据主权原则、数据自由流通原则和数据安全原则。

（一）数据主权原则

这是大数据保护的首要原则。数据作为国家的重要战略资源，事关个人安全、社会安全和国家安全。大数据时代，各国在经济发展、国家建设、社会稳定等方面对数据资源的依赖越来越大，对数据的占有和利用成为国家间竞争和博弈的关键力量。数据主权原则指的是一国独立自主地对本国数据进行占有、管理、控制、使用和保护的权力。其对内体现为一国对其政权管辖地域内任何数据的生成、传播、处理、分析、利用和交易等拥有最高权力；对外表现为一国有权决定以何种程序、何种方式参加到国际数据活动中，并有权采取必要措施保护数据权益免受其他国家侵害。

（二）数据自由流通原则

自由是法律在商事交易中期望实现的重要的价值目标，自由原则也是商事交易中的重要原则，契约自由、交易自由都是自由的价值目标和自由原则在立法中的体现。作为商事交易的大数据交易，其自由原则体现为数据的自由流通原则。数据的自由流通首先是指数据动态流通中的自由流通，即数据可以通过交易的方式，在市场主体之间进行流通。在大数据交易中，一方面，市场主体可以根据自身的需要，自主选择交易的相对方，自主决定需要交易的数据的范围、数量、种类、品质、规格等交易内容。另一方面，数据的自由流通也反对数据垄断，反对通过自身的地位优势、技术优势控制数据，垄断数据交易，对数据交易和数据共享造成实质的障碍。

（三）数据安全原则

数据安全原则即指通过法律机制来保障数据的安全，以免数据面临遗失、不法接触、毁坏、利用、变更或泄露的危险。从安全形态上讲，数据安全包括数据存储安全和数据传输安全；从内容上讲，数据安全可分为信息网络的硬件、软件的安全，数据系统的安全和数据系统中数据的安全；从主体角度看，数据安全可以分为国家数据安全、社会数据安全、企业数据安全和个人数据安全。具体而言，数据安全原则包括以下几方面含义：第一，数据安全原则的目的在于保障数据的真实完整，不仅使处于静态存储的数据不被访问、篡改和伪造、利用，而且保证数据在传输过程中不被篡改，不发生丢失和缺损等；第二，数据安全原则的目的在于保障数据的安全使用，也就是说数据及其使用必须具有保密性，仅为取得授权的机构和个人获取和使用，当然数据系统中的公开信息不限于此；第三，数据安全原则的目的在于以合理的安全措施保障数据系统具有可用性，即可为确定合法授权的使用者提供服务。

# | 第三章 |

## 国内外个人数据法律保护制度梳理

### 第一节　国内个人数据法律保护制度梳理

#### 一、民法保护现状

通观我国的法律制度，目前对个人数据权尚未形成统一的制度规范，甚至没有明确的对个人数据权保护的条文表述。涉及个人数据保护的法律规范分散于多部门的立法之中，但是现有的法律规定还存在一些问题，无法切合个人数据权的特征，不能满足个人数据权的保护。

（一）法律保护现状

1. 侵权责任法

与个人数据密切相关的隐私权被作为一项独立的民事权利在我国基本法律中予以正式确认是经历了一个漫长过程的。1986 年的《民法通则》并没有提及隐私权或是个人信息保护，其后在 1988 年 4 月发布施行的《民通意见》中，该意见第 140 条在保护名誉权的同时间接为公民的隐私权提供了保护，2001 年 3 月最高法公布的《精神损害赔偿解释》中提到了"隐私"二字。2009 年，我国通过了《侵权责任法》，该法第 2 条明确提出："本法所称民事权益，包括……隐私权等人身、财产权益"，正式确认了隐私权。虽明文规定了隐化权，但该法没有一般性地规定个人数据保护问题，只是对持定个人数据的保护有所提及。如《侵权责任法》第 61 条、第 62 条之规定，都只是对个人医疗数据的规制。

2. 民法典草案

关于《中华人民共和国民法典》，现在已经有了多部专家建议案、建议稿，这些建议案、建议稿中的多半都在专口条款中规定了对个人数据的保护。首次尝试在民事立法中对个人资料直接进行规范的是 2002 年 12 月 17 日提请审议的《中华人民共和国民法典（草案）》，该草案第 29 条规定："收集、储存、公布涉及自然人的隐私资料，应当征得本人的同意，但法律另有规定的除外。"除了类似上述的正式建议案，一些民法典专家建议稿中也提及了个人数据保护问题，比如中国人民大学民商事法律科学研究中心起草的《中华人民共和国民法典草案建议稿》。

3. 个人数据（信息）保护法的起草

2006 年完成的《中华人民共和国个人信息保护法（专家建议稿）》共六章 72 条，分别为总则、政府机关的个人信息处理、其他个人信息处理者的个人信息处理、法律的实施保障与救济、法律责任、附则。在立法模式的选择上，建议稿采用了类似于欧盟的统一立法模式，但在具体的制度安排上，建议稿仿效日本做法，力图将欧盟模式与美国模式的长处兼收并蓄。该建议稿虽早在 2006 年就已经提交国务院审议，但由于种种原因，全国性的个人信息保护立法却迟迟未能出台。2014 年的两会上，有人大代表再次提交关于加快制定《中华人民共和国个人信息保护法》的立法建议。

《个人信息保护法（建议稿）》包含很多行政法乃至刑法上的条款，民法性质的规范极少，具有非常浓厚的公法性质，个人数据信息权也被建议稿定性为公法上的权利。但实际上，个人数据保护法应是保护个人权利为主要目标，以如何规制个人数据处理为主要内容，个人数据权利保护的基础是赋予个人数据主体民事上的权利，其调整的主要是个人数据主体与个人数据处理者之间围绕个人数据处理而产生的权利义务关系，其规则应主要是任意性的而非强制性的，其救济手段也主要应为民事上的救济，因此宜将个人数据保护法视为民商法而非行政法。如果个人数据保护法不是以民事规范为重点，那么个人数据主体将很难通过自己的行为真正享有个人数据权益。此外，对于恶意滥用个人数据等行为，其处罚可以是行政甚至刑事上的，但如同隐私权也有行政和刑事上的保护，其主旨仍是为了保护主体在民事上的权利，但建议稿第五章仅仅规定了侵害个人数据信息的行政责任及刑事责任，相关民事责任只用了一个条文予笼统规范，无法实际弥补个人数据信息主体的损害。总而言之，在我国这种行政权力过分渗透的社会背景下，将个人数据保护法主要作为民商法的组成部分才能更好地实现其对个人数据的保护。

（二）大数据背景下个人数据民法保护学说概述

在探讨我国个人数据的民法保护之前，我们有必要对目前学界已形成的有关学说予以梳理，在对比分析的基础上结合我国实际予以摒弃或者加吸收、拓展。现存学说虽较为繁杂，但总结起来主要有以下几种：

1. 加强个人数据控制者责任说

面对大数据对个人数据安全带来的冲击，有一部分观点认为应在已有个人数据保护立法的基础上继续强化个人数据控制者的职责，即个人数据控者（只要是公司）的个人数据收集、应用行为应符合更高程度的告知与许可规则以及透明度要求。"同意不仅仅是可以到达的、可以通知到的，而且必须是极其明确的，沉默式的或者不是很确定的都不能算作同意，甚至个人数据控制者必须承担着能证明个人数据主体已同意数据处理的责任。"

这种学说观点在西方学者中并不鲜见，但是笔者以为其并不具备可操作性，如上文所述，大数据的价值更多是源于它的二次利用，大数据挖掘分析的结果是个人数据收集者在一开始无法预料的，很难对这种再收集之初时未能想到的用途提供足够的告知并获得相应同意，这会耗费较大的成本且不利于个人数据信息的自由流动。

2. 消费者（个人数据主体）授权管理说

该种学说认为：在个人数据管理中应建立一种新的商业规则，即由传统的以个人数据应用者为主导的个人数据管理体系转向以个人数据主体为主导的管理体系，即个人数据主体有权根据其自我意志来管理其数据，其有权通过分享其个人数据来获取经济利益。"消费者们自控制他们的个人数据管理系统中解放出来，转而在个人数据市场中充当一种自由、独立的角色，其有权在任何时候任何地点以任何方式向数据供应商要求获知个人数据。"这种模式被称为 VRM 模式，个人数据主体能够依此模式来表明其愿意释放什么样的个人数据，以及在何种情况下向何人释放。

3. 个人数据财产利益共享说

此学说认为：应设立这样一种可行的模式，即个人数据控制者应该允许个人数据主体以一种可行的方式访问他们的个人数据并且有权分享个人数据创造的经济利益。这种模式要既能促进个人数据的自由流动，又能使个人数据主体产生重视并合理利用其个人数据的动力，增强其权利意识。笔者以为此学说适应了大数据背景下的个人数据市场发展潮流，是完全可以在我国个人数据保护立法中加以借鉴吸收的。

4. 个人数据销售许可说

个人数据销售许可，是指"授予许可的企业将可以进行个人数据交易，没有授予的则不允许进行个人交易"。这里的许可可以来自于政府，也可来自于行业自律组织，具体视情况而定。通过这种许可机制，可以对个人数据控制者予以约束，最大程度地保护数据安全。

5. 确立个人数据权说

这种学说认为：个人数据保护的就是数据个体在信息时代下的新权利，赋予个人数据主体以个人数据权才能保证个人在大数据环境下的实际参与者地位。在具体操作中，此学说在究竟是以个人数据人格权还是以个人数据财产权来对个人数据主体予以保护产生了分歧。前者认为个人数据负载着明显的人格利益，其被确立为一项独立的具体人格权来予以规范更为妥当，后者则以为个人数据的财产属性在个人数据权中的地位越来越重要，故不能仅仅将之看作是个人数据人格权的附属。

## 二、刑法保护现状

我国关于个人数据犯罪的刑事立法，经历了一个从无到有，从不完善到不断发展、丰富的过程。但从我国现有的刑法体系来看，关于计算机数据犯罪的单行刑法尚未出台，目前关于个人数据安全的立法是依据刑法典关于"侵犯公民个人信息犯罪"的一个罪名，针对计算机信息及系统犯罪的仅有两个法条。

（一）侵犯公民个人信息罪

2009 年，《刑法修正案（七）》首次确立了个人信息犯罪。随着针对个人信息的犯罪行为日益猖獗，2015 年 8 月，《刑法修正案（九）》第 253 条之一修订了出售或非法提供公民个人信息罪、非法获取公民个人信息罪，加大了对此类犯罪的打击力度。2015 年 10 月，最高人民法院、最高人民检察院印发的《关于执行中华人民共和国刑法确定罪名的补充规定（六）》，将出售或非法提供公民个人信息罪、非法获取公民个人信息罪改为侵犯公民个人信息罪，使刑法进一步规范了对这一罪名的规定，有效促进了公民个人信息不受非法侵犯。

《刑法修正案（九）》针对《刑法》第 253 条之一的修改体现在：首先，扩大了犯罪主体范围；其次，扩大了犯罪对象范围，扩大了个人信息来源的范围，使原有法律条文空缺得以弥补，增强了对侵犯公民个人信息行为的打击力度；最后，加重了处罚力度。《刑法修正案（九）》把最高刑期提高至 7 年，进一步加大了对此类犯罪的威慑作用。

（二）非法侵入计算机信息系统罪

本罪是指违反国家规定，侵入国家事务、国防建设、尖端科学技术领域（下文简称"特定领域"）的计算机信息系统的犯罪。首先需要界定"违反国家规定"，其次从犯罪构成的角度对本罪进行分析：一是犯罪主体，包括自然人和单位。《刑法修正案（九）》将单位列入了本罪的犯罪主体。二是犯罪客体，即特定领域的计算机信息系统，不包括其他领域的计算机信息系统。三是主观方面为直接故意。但是需要思考，过失犯罪是否需要本罪予以处罚？笔者认为，该罪保护的客体是涉及特定领域的计算机信息，行为人即便是过失行为，但其行为可能导致上述重要信息外泄，在当前网络环境如此复杂的背景下，同样可能被不法分子窃取，因此，行为人应当预见相应的严重后果，同样应当对此予以处罚。四是本罪为行为犯。

（三）非法获取计算机信息系统数据罪

本罪限定有违反国家规定以及"情节严重"或特别严重的条件，因此在实务上需要留意对"情节严重"或特别严重的界定。从犯罪构成的角度分析本罪：一是犯罪主体，即自然人和单位。二是犯罪客体，指特定领域以外的计算机信息系统内处理、传输、存储的数据。三是主观方面，即故意获取数据。四是犯罪行为是通过破解、破坏等技术手段，非法获取信息系统数据的行为。

（四）非法控制计算机信息系统罪

本罪是指非法控制特定领域以外的计算机信息系统，情节严重的行为。一是犯罪主体，包括自然人和单位。二是犯罪客体，即特定领域以外的其他计算机信息系统。三是主观方面为直接故意。四是犯罪行为指行为人通过计算机、网络等技术手段，将计算机信息系统处于自己的掌控之中，按照其意志进行相应的操作。

（五）提供侵入、非法控制计算机信息系统程序、工具罪

本罪并未限制"违反国家规定"，但是限制有犯罪情节。从犯罪构成条件分析：一是犯罪主体，包括自然人和单位。二是犯罪行为指提供前述用于侵入、非法控制计算机信息系统的程序、工具的行为。三是主观方面为直接故意。四是本罪的程序和工具包括两种，一种是专门用于侵入或者非法控制计算机信息系统的软硬件，比如病毒；另一种是具有正当的使用价值，同时也能帮助实施侵入或非法控制计算机信息系统的软硬件。

（六）破坏计算机信息系统罪

本罪限制有"违反国家规定"和"后果严重"的情节。从犯罪构成分析：一是犯罪主体为自然人和单位。二是犯罪客体为计算机信息系统。三是犯罪主观方面包含直接故意和间接故意。三是犯罪行为，包括两种行为，一种是对计算机信息系统功能、数据、程序进行修改、删除、增加，干扰计算机系统功能的行为，另一种是故意制作、传播计算机病毒的行为。四是犯罪主体包括自然人和单位。

（七）拒不履行信息网络安全管理义务罪

本罪是《刑法修正案（九）》的新增罪名。近年来，随着信息网络技术的快速发展和广泛运用，信息网络安全问题也越

来越凸显。大量犯罪行为的背后，伴随着一些网络服务提供者不履行法律、法规规定的信息网络安全管理义务情形。《刑法》新增的第 286 条之一，设立了本罪。其犯罪构成为：一是本罪的主体为特殊主体；二是主观方面应当表现为故意；三是犯罪行为为不履行法律、法规规定的信息网络安全管理义务，责令采取改正措施而拒不改正的行为；四是本罪侵犯的客体是国家网络安全的管理制度。

（八）非法利用信息网络罪

本罪是《刑法修正案（九）》的新增罪名，其犯罪构成如下。一是本罪的主体为自然人和单位。二是本罪的主观方面是直接故意。三是犯罪行为有三种，第一种是利用信息网络设立用于实行犯罪的网站、通讯群组或发布违法信息的行为；第二种是发布违法信息的行为；第三种是为实施诈骗活动等违法犯罪信息发布消息的行为。四是构成本罪需满足情节严重的要件。

（九）帮助信息网络犯罪活动罪

本罪是《刑法修正案（九）》的新增罪名，在原第 287 条的基础上，增加了第 287 条之二，新增了帮助信息网络犯罪活动罪。其犯罪构成为：一是本罪的主体为一般主体；二是本罪在主观方面只能由故意构成，过失不构成本罪；三是本罪侵犯的客体是有关国家网络安全的管理制度；四是本罪的客观方面表现在明知他人利用信息网络实施犯罪，为其犯罪提供网络等技术支持，或者提供推广、结算等帮助，情节严重的行为；五是本罪为情节犯。

### 三、行政法保护现状

长期以来，我国都是一个注重行政管制的国家。政府在履行职能的过程中，收集并掌握了大量的公民个人数据。为了限制政府此种权力，使个人数据免于被滥用，对行政机关管理个人数据信息的监督就必不可少。关于行政机关收集个人数据的目的、方式到管理、使用以及侵害公民合法权益的处罚具体分散在各行政法规和规章中。

《政府信息公开条例》第25条规定："公民、法人或者其他组织向行政机关申请提供与其自身相关的税费缴纳、社会保障、医疗卫生等政府信息的，应当出示有效身份证件或者证明文件。公民、法人或者其他组织有证据证明行政机关提供的与其自身相关的政府信息记录不准确的，有权要求该行政机关予以更正。该行政机关无权更正的，应当转送有权更正的行政机关处理，并告知申请人。"该条确立了个人数据主体知悉"与其自身相关的政府信息"的权利以及要求更正错误信息的权利。

虽然该条理论上赋予了公民、法人要求更正与其自身相关的政府信息的权利，公民在司法实践中也确实可以依据该法条提起诉讼，维护相关信息的准确性。但是，在许多案件中，公民要求更正信息的诉求都得不到法院支持，如"章定身、郑新明等与福建省国土资源厅不履行法定职责行政判决书案"和"常某诉北京市某区住房和城乡建设委员会不予更正政府信息案"。在这两案件中，原告均因对"政府信息记录不准确"的情形理解不当而败诉。所以，如果公民想通过此条款更正不准确的与其自身相关的政府信息记录，首先应该明确此类信息包含的范围。

按照规范内容的不同，行政法规、规章主要可分为以下两类：

第一，病人信息保护方面。1988 年，由卫生部颁布的《医务人员医德规范及实施办法》规定："医务人员要为病人保守秘密，实行保护性医疗，不泄露病人隐私与秘密。"1995 年，《中华人民共和国职业医生法》规定医生不得披露治疗中的健康信息，违反的要追究刑事责任。1999 年，卫生部又发布了《关于对艾滋病病毒感染者和艾滋病病人的管理意见》。

第二，个人通信方面。具体表现为对通信、银行、电信等部门收集、使用、管理个人信息行为进行规范的规定。《商业银行法》规定："商业银行应当遵循伟存款人保密的原则。"1999 年，国务院发布的《银行管理暂行条例》第 47 条规定："国家保护个人储蓄存款，实行为储户保密的原则。"该条要求银行等金融机构对储户的储蓄存款保密。2001 年，中华人民共和国信息产业部发布的《电信服务质量监督管理暂行办法》第 25 条规定："电信管理机构工作人员对调查所得资料中涉及当事人隐私、商业秘密等事项有保密义务。"

## 第二节　国外个人数据法律保护制度梳理

### 一、国际组织和区域性组织

（一）联合国

1968 年，联合国在《世界人权宣言》发布 20 周年的"国际人权会议"上，首次提出了"数据信息保护"的概念，这一年被称为"数据年"。随后，各国个人数据信息保护的立法风起云涌。1970 年，德国黑森州制定了最早的一部有关个人数据信息保护的法律——《个人数据信息保护法》，随后，瑞典、美国、英国纷纷制定了自己的个人数据信息保护法。但上述各国的相关立法并不足以为个人数据信息的当事人提供充分的法律保护。为调和不同国家关于个人数据信息保护的国内立法的差异，加强国际合作与国际援助，许多国际组织做出了不懈的努力。1990 年 12 月 14 日联合国大会通过的《关于自动资料档案中个人数据信息的指南》（以下简称《指南》），就是这个背景下的产物。

联合国《指南》分为两大部分，第一部分从个人数据信息保护的基本原则、监督与处罚、跨国资料流通、适用范围等方面为联合国各成员国进行个人数据信息保护的国内立法设定了最低保护基准；第二部分为联合国《指南》对政府间国际组织所保有的个人数据信息加以适用的有关规定。

联合国《指南》分为两大部分：第一部分从个人数据信息保护的基本原则、监督与处罚、跨国资料流通、适用范围等方面为联合国各成员国进行个人数据信息保护国内立法保护设定了最低保护基准；第二部分为联合国《指南》对政府间国际组织所保有的个人数据信息可以加以适用的有关规定。

联合国《指南》为各成员国进行个人数据信息保护的国内立法设定了六项基本原则，分别是：合理合法原则、准确性原则、目的明确原则、当事人查阅原则、无歧视原则和安全原则。

对于调整范围，联合国《指南》第 10 条从三个角度加以规定：①该《指南》适用于所有公私领域的个人数据信息，即个人数据信息保护法的规范对象包括公务机关与非公务机关。②该《指南》主要适用于自动化档案，在一定条件下还可以扩充用于人工档案。由于个人数据信息保护法因网络环境对个人隐私权造成猛烈冲击而生，因而，各国大多将个人数据信息保护法的调整范围限于自动化处理的个人数据信息，但从个人数据信息涵盖范围的完整性处罚，人工处理的个人数据信息同样会对当事人的隐私权造成侵害，故应二者兼顾。③该《指南》原则性地适用于自然人资料，在一定条件下还可以扩充适用于法人资料。

关于数据的跨国流通问题，《指南》第9条规定，两个或两个以上国家的立法对个人护具信息保护提供了彼此相当的保护措施时，个人数据信息应在国家之间自由流通，同时还应注意避免对网络隐私权的保护阻碍个人数据信息的跨国自由流通，即在充分保护与自由流通之间达成一种平衡。

在"监督与处罚"一章中，《指南》规定："各成员国应设定一个同意的、常设的监督机关，负责对上述原则的执行情况进行监督，并提供响应的制裁、救济措施。"在这点上，德国和英国均设立了一个统一的、常设的监督机关，负责对上述原则的执行情况进行监督，并提供相应的制裁、救济措施。同时，德国和英国均设立了一个统一的、常设的监督机关，保证了个人数据信息保护尺度的统一及个人数据信息保护原则与具体制度的落实执行。

对于政府间国际组织保有的个人数据和信息的适用问题，联合国《指南》原则上适用于政府间国际组织所保有的个人数

据信息；同时对上述原则的适用作了例外规定，即档案的目的
是保护人权和保护相关的个人自由和人道主义援助目的的，可
以不适用上述原则。

此外，联合国《指南》是一种具有指导性的纲领性文件，
关于个人数据信息保护的具体规则，则交由各成员国在国内立
法中自主决定，可见，《指南》在效力上并无强制约束力。

（二）经济合作与发展组织

经济合作与发展组织是一个以促进经济稳定和鼓励贸易发
展为两大主要目标的国际性组织，他是战后欧洲在新的模式上
重建的产物。作为促进欧洲国家间经济合作的组织，它成立于
1948 年，其主要职能是协调国家经济政策并促进欧洲贸易的自
由发展。1961 年，由于其他的欧洲机构肩负起了这些促进贸易
合作的责任，经合组织的原有职能开始发生转变，由包括西欧
国家、加拿大、美国、日本、澳大利亚、新西兰、芬兰、墨西
哥和一部分前东欧国家在内的 30 个成员国组成的一个欧洲区域
性组织成长为一个国际组织。

在现代通讯条件下，尤其是在互联网环境下，个人数据信
息的收集、处理和传输几乎是不受国界限制的。因此，个人数
据信息的合理利用和保护首先成为如经济合作与发展组织这样
的国际组织所面临的重要课题。经济合作组织在 1978 年着手起
草《隐私保护与个人数据资料跨境流通指导原则》（以下简称
《指导原则》），并在 1980 年 9 月 23 日被经合组织委员会通过。
该《指导原则》在其前言部分指出，对保护隐私权所采取的行
动可能会对贸易产生障碍，同时建议成员国能在国内立法中考
虑到《指导原则》的内容，以便降低贸易壁垒产生的可能性。

该数据信息保护的指导原则同时适用于公众和私人领域。

该《指导原则》制定了一系列成员国适用的基本原则，包括：

（1）限制收集原则：个人数据的收集必须公平、合法。

（2）特定目的原则：个人数据的收集必须具有相关性。

（3）资料完整正确原则：个人数据信息的储存必须保持时效性。

（4）限制利用原则：个人数据信息的使用必须与收集时的目的相一致，除非经本人同意，或有法律相关规定。

（5）安全保护原则：必须采取合适的安全措施保存数据信息。

（6）公开原则：个人数据信息的使用，必须透明化。

（7）个人参与原则：本人能获取该个人数据信息。

（8）责任原则：数据信息资料控制者应对遵守以上原则负责。

由于该《指导原则》的采用，经合组织在数据隐私和信息安全领域不断努力，其中一个重要的成就便是网站隐私政策中心的发展，该政策中心可作为以私权审查的基础，并且建立了一系列隐私权的政策。

（三）欧洲委员会

欧洲委员会是欧洲国家政府间的组织，正如经济合作与发展组织那样，由战后重建的欧洲和平模式发展而来。欧洲委员会于1949年成立，其职能主要是促进欧洲国家间政治合作，保护人权与自由。他对欧洲保护人权和基本自由公约以及人权法院的管理负责。

1. 由于受到贸易自由和个人权利保护忧虑的刺激，就像当初激发经合组织的立法行为那样，欧洲委员会几乎在同一时间起草了有关《个人数据自动化处理的个人保护协定》（以下简称《108 条约》）。

1981 年，欧洲委员会通过了该公约。该公约在其前言中明确指出：公约的目的是使体现在人权中的隐私权保护得到保障。关于私人生活的权利以及自由贸易的权利，该公约指出："应认识恢复对隐私权的尊重和个人之间信息自由流通的重要价值。"

《108 条约》涵盖了公众和私人领域，并考虑到了一些例外情况。就像经合组织的 1980 年《指导原则》一样，它包含了一系列规范数据处理的原则，主要有：

（1）公正合法地收集和处理个人数据信息。

（2）只为特定目的储存个人数据信息。

（3）使用数据信息应与收集该数据信息的目的相一致。

（4）收集的个人数据信息应准确，并保持数据信息的时效性。

（5）数据以可识别的方式保存的期间不应长于需要其被保存的时间。

（6）必须有适当的技术措施保障个人数据信息的安全。

（7）数据信息主体应能随时查询其个人数据信息，并有删除权。

任何一个国家都不能限制将个人数据信息流通至其他已经接受这些标准并在《108 条约》上签字的国家，除非一国的本国法符合了这些标准，否则不必在条约上签字；除非一国的立法有相关内容，否则它将可能承担产生贸易壁垒责任的风险，也有可能成为那些企图规避数据处理规定的国家的"数据天堂"。

尽管对个人隐私的关注始终没有达到国内立法的程度，但产生贸易壁垒的危险却使各国政府不得不将之纳入议事日程。1984年，英国通过了《数据保护法》，1985年签署了已生效的《108条约》。

欧洲委员会将约束它的签约国，然而遵守条约产生的效果在不同的法律体系的国家则有一定差异。在一些国家，条约本身可被写入国内法。而英国不是这样的，条约只有解释作用。英国法院有责任对国内法进行相应的解释，并从中体现条约的精神。

《108条约》之后，欧洲委员会成立了数据保护的专家委员会，致力于为成员国有关数据保护各方面的问题提供建议，这些建议只具有参考作用，但确是一些国家和地区不可或缺的政策背景。

2.《108条约（修正案）》。1999年6月通过的修正案允许部长委员会邀请非欧洲委员会成员国的欧洲国家接受该条约，然而这种邀请必须经过委员会的无记名投票通过。修正案中有关于选举权和生效范围的附款，允许一国将《108条约》用于非自动化数据和法人，一国可以不适用公约，但不及与国内数据保护法律覆盖的范围。

3.《108条约》的附加条款。2001年8月通过的附加条款，明确规定：①建立独立的监督管理机关，并赋予调查和提起诉讼的权利。②对于未参加条约的国家，个人数据信息将被停止流通至该国，除非该国对流通的个人数据信息承担一定的保证责任。

（四）欧盟

欧盟是最早关注个人数据信息保护的区域性组织之一，于1995年制定了《关于自动处理个人数据信息自由流动的指令》，并在1997年制定了《电信事业个人数据信息处理及隐私保护指令》。依据最新指令，欧盟各成员国相继制订了个人数据信息保护法或者类似的法律。这样一来，不仅基本上统一了欧盟成员国保护个人数据信息的实体法规范，而且使得欧盟在个人数据信息保护方面处于世界领先地位。

1.《关于自动处理个人数据信息的保护以及此类数据信息自由流动的指令》。该指令共有34个条文，于1995年10月由欧洲部长级会议通过。15个成员国随后据此修订其数据信息保护立法，并于1998年12月25日正式生效。该指令的保护范围几乎包括了所有关于个人数据信息的处理。首先，确立了保护自然人基本人权及自由，尤其是关于个人数据信息隐私权保护的原则。在该指令中对如何合法处理个人数据信息确定了多项基本规范，以供各成员国制定和修正国内法时作为依据。但这些标准只是欧盟最低保护的下线，各成员国可以制定更高的标准。该指令各项积分规范包括数据信息控制着的义务及数据信息当事人权利两个部分。指令并未区别特定行业规范，没有限制适用的对象。其次，确保个人数据信息在欧盟成员国之间的自由流通。

2.《电信业个人数据处理及隐私保护指令》。数字技术不断发展，已经适用于公众电信网络。监狱新形态的电信服务对使用者个人数据信息及隐私必须特别予以注意，欧盟于1997年12月15日制定了《电信业个人数据信息处理及隐私保护指令》（以下简称《指令》），并表示该指令除了是对1995年的《指令》进行补充外，特别保护用户的合法权益。在 1997 年《指令》中，用户是指与提供公众电信服务业者签约的自然人或法人，而使用者则指为私人或商业目的使用公众电信服务的使用者而非签订契约者。该指令特别强调适用于在共同体内经由公众电信网络的公众电信服务相关的个人数据信息处理，尤其是经由整个服务数字网络即公众数字移动的网络者。

但是由于 1995 年《指令》第 25 条规定了"除非非成员国对数据信息以及相关个人有适当的保护，否则成员国不能向非成员国传播个人数据信息"，使得对互联网隐私权保护一贯崇尚自律的美国与欧盟在跨国数据传输问题上产生了严重的分歧。双方为此展开了长达几年的磋商和谈判，最终于 2000 年 2 月在布鲁塞尔就如何保护电子商务交易中的隐私权问题达成了原则上一致的协议。该协议要求美国企业首先要向欧盟"安全港"建设机构提出进行网络数据传输活动的申请，经批准后方可与欧盟成员国的个人和企业进行网上交易，同时，美国企业还必须按照本国的相关政策，承诺遵守自我约束的隐私权保护原则。

## 二、国家

（一）英国

1984 年 7 月 12 日通过的《数据保护法》是以防止不当侵害个人数据信息为目的，规制由计算机所处理的记录中的有关个人数据的收集、持有、公开等行为的法律。该法共有五篇，43 条，和 4 个附件，从内容上看，它既是一部国内法，又是一部涉外法。依该法规定，个人数据信息的使用者应向数据信息保护机构进行登记，申报其姓名、住所、持有数据信息的主要内容、持有或者使用的目的、收集数据信息的来源、拟公开数据信息的对象等项目。不是自己持有的数据信息，而是为他人提供数据信息处理的计算机服务站则须同时申报其经营者的姓名及住所。该法还规定，未经登陆者而持有个人数据信息，或故意持有与登录内容不同的个人数据信息，或不遵从数据信息保护登记处对于违反数据信息保护准则所发出的处置命令等的，均属不法行为，应承担相应责任。

此外，该法的附件一还确立了个人数据信息保护的八项原则，其内容是：

（1）无论是政府、法律执行机关，还是其他机构或个人必须通过公平、合法的方式收集和取得个人数据信息。这指的是不允许以欺骗手段从数据信息主体那里获取信息，取得有关信息必须经本人同意，等等。

（2）收集和持有个人数据信息的机构和个人在进行数据信息收集之前，必须进行依法登记，并且只能在出于特定的、合法的目的时，有关机构或个人才能持有数据信息。

（3）使用和披露个人数据信息的方式，不能与收集、持有这些个人数据信息时的目的相违背。二者是否相冲突，主要看持有人在登记时所申报的持有数据信息的目的是什么。

（4）持有个人数据信息的目的必须适当、中肯、不过分。

（5）个人数据信息必须准确，那些必须以最新材料存档的内容还必须不能陈旧与过时。

（6）如果依法只有某些个人数据信息是有期限的，在该期限届满之后不得再持有这些数据信息。

（7）任何人均有权在支付合法费用后，向数据信息持有人了解有关自己的数据信息是否已经被作为个人数信息保存下来，如果自己的数据信息被存储了下来，有权要求查询自己的数据信息，并可以要求对自己所认为的不实之处进行修改。

（8）数据信息持有人必须采取安全措施防止个人数据信息未经许可而被扩散、更改透露或销毁。

（二）德国

1.《联邦数据信息保护法》。1977年由德国内会制定并通过的《联邦数据信息保护法》成为联邦法律之一，是联邦宪法中关于数据信息受到保护的具体体现。随着《联邦数据信息保护法》的出台数据，数据保证和数据安全协会应运而生。作为世界上第一个拥有数据信息保护法的国家，德国在数据保护和安全方面走在世界的前列，目前德国联邦数据保护和数据安全协会共有1200个成员。

2.《联邦信息与电信服务架构性条件建构规制法》。德国于1997年6月13日通过了该部法律，这是世界上第一部对网络的应用与行为规范提出单一法律框架的成文规范。包括三部独立的法案：《电信服务使用法》《电信服务信息保护法》和《数字签名法》。《电信服务信息保护法》揭示了个人数据信息保护在信息时代的重要性，对网络应用过程中可能衍生的个人及营业资料的侵害状况一一加以规定。同时在该独立法案第3条中规定了个人数据信息处理的基本原则，在第4条中规定了电信服务提供人在数据保护法中产生的义务。所有德国企业甚至外国企业只要使用德国网络上网或从事电子商务，即受该法的规范。

该法制定的目的在于：在联邦立法权限内创设一个可信赖的秩序空间，同时，也将新的通讯技术融入日常的交易与商业往来中。值得注意的是，该法的目的仅在于规范新的服务的基础法律环境，而不在于对于网络上的服务进行严密的规范。又因其对未来的发展持开放的态度，因此只是重点式的加以规范，赋予技术与经济必要的发展空间，并排除现有法律上的不确定性。

（三）美国

1. 《信息自由法》。该法于 1966 年由国会通过，目的是向公众提供查看联邦部门记录的权利。该法规定，除非能证明申请寻求的信息属于该法规定的九种例外之一，否则接受申请的政府部门必须向公众提供检查和复制信息的便利。这九种例外包括：人事和医疗信息或类似的文件，其披露将明显构成对个人隐私的侵犯；为执法之目的而收集的记录和信息，但提供这些信息将有理由相信会影响执法程序、剥夺一个人接受公正审判的权利，有理由相信会对个人隐私造成侵犯，有理由相信会泄露秘密信息提供者的身份、泄露法律调查的技术或程序，有理由相信会威胁任何人的生命和人身安全等。对于"政府部门记录"的界定，该法认为，接受联邦资助的私人机构占有和处理的信息不是《信息自由法》中规定的"政府部门记录"，因而不受该法的规范，除非"能证明这些私人机构不仅为政府部门所占有，而且数据在很大程度上由政府部门控制和使用"。

2. 《隐私权法》。该法于 1975 年 9 月 27 日生效，为了调和《隐私权法》和《信息自由法》之间的矛盾，国会规定依据《信息自由法》必须披露的信息将被《隐私权法》明确规定为例外处理。该《隐私权法》设立了定义、公开信息的条件、机构对所管理数据的义务、信息的获取、机构的规定、民事救济、一般规定、特别规定、档案信息、调查结果的测试、数据库和计算机比对程序报告等 22 个条款。

3.《公平信用报告法》。美国联邦贸易委员会于 1970 年制定《公平信用报告法》，意在保护消费者权益。作为美国联邦法律，该法主要是规范信用报告机构行为，且明确规定消费者有权审阅自己的信用报告内容，并就其不实之处提出异议。由于信用报告记载着有关个人信用指数的一系列信息，因此，对这些信息进行适当管理也是《公平信用报告法》的重要内容。

该法明确规定，什么人能以什么目的和以什么方式取得他人的信用报告。首先，当消费者申请某项服务或者产品时，该服务或者产品的提供方式可以用信用报告来评估消费者的信用和支付能力。其次，当某人申请就业时，潜在的雇主可以通过还债和理财的情况来评估潜在雇员的品格，但在任何情况下，雇员的信用报告只有经过雇员同意才能取得。

《公平信用报告法》的目的是禁止信用报告机构滥用其掌握的私人信息，但其中允许披露的范围很广，对信息的隐秘性不能起到足够的保护作用。比如，该法规定，如果有法院的命令或信息主体的书面同意，信用报告机构可以披露消费者的信用信息。此外，如果有理由相信接受方使用信息时由于信息主体申请了信用、工作、保险、执照或其他政府福利，或者是为了正当的商业需要的，也可以披露信息。当然，消费者可以要求获得披露的目的、调查的性质及范围、信息来源和所有信用报告接受人的身份等信息。①

---

① Details of Treaty No. 181. （2016 - 3 - 20）http：//www. coe. int/en/web/conventions/full - list/ - /conventions/treaty/181.

4.《公平信用报告革新》。1996 年《公平信用报告革新法》对《公平信用报告法》进行了重大的修改，包括扩大了"消费者报告"范围之外的金融信息，并对信用报告机构提供信用报告和调查性报告的行为作了新的限制，提高了民事和刑事的惩罚力度。

5.《电子通信隐私法》。1986 年，该法作为对 1986 年《全面犯罪控制和街道安全法》第三章的修正案被通过，其目的是在新的电脑和通讯技术带来巨大变化的背景下，更新和澄清联邦隐私权的保护含义及其标准。被该法保护的新技术包括电子邮件、计算机之间的通讯、移动电话通讯和某些传呼机。

6.《录像带隐私保护法》。1988 年通过的这部法律的主要目的是禁止"录像带服务提供商"泄露其顾客选择了哪些录像带的信息。在征求了顾客的同意后，录像带供应商可以公开顾客的姓名和地址，但是不能涉及出租录像带的主体或内容。对于出售顾客名单，该法没有规定予以禁止。而且，该法应用范围较广，适用于任何从事影响州际贸易的商业活动的录像带服务供应商。

7.《家庭教育权和隐私法》。1974 年，国会通过了《家庭教育权和隐私法》，以规范学校披露学生及其家长的记录的行为，并在此后的几年经过了多次修改。受到该法保护的有家长的财务情况、学生的保密推荐信和学生的成绩记录等内容。任何教育机构若未经学生家长的书面同意或 18 周岁以上的学生本人的同意而披露学生的教育记录的，将不能获得联邦资金的资助。当然，也有例外情况，比如当学生转学时，或在机密的、无记名的教学方法和实践教学过程中，或者是州或联邦的官员进行公众福利系统中的数据统计等的，都可以授权学校转移学生档案的副本，且披露行为无需经过学生或家长的许可，但这些信息只能用在这些专门的场所，并在不用时应及时销毁。

8.《计算机比对与隐私权保护法》。该法于1988年制定，在承认个人数据信息计算机比对的同时，又对计算机比对的使用和程序加以限制。后来这部法律并入了1974年的《隐私权法》，成为其重要组成部分。美国1974年的《隐私权法》是较早的对个人数据信息进行保护的一部法律，该法的名称虽为《隐私权法》，但其内容并不限于与隐私权有关的个人数据信息。美国《计算机比对与隐私权保护法》的主要内容是设置资料统一委员会，要求在资料比对后，对个人采取不利行动前，必须经过独立的查证。

（四）日本

在司法实践之外，日本不断通过立法手段完善对隐私权的相关保障。1988年，日本出台了保护中央政府机关电子计算机处理的个人信息的《关于对行政机关所持有之电子计算机处理的个人信息加以保护的法律》，随后又相继出台了《个人信息保护法》《关于保护行政机关所持之个人信息的法律》《信息公开与个人信息保护审查会设置法》等。其中，《个人信息保护法》针对政府部门和非政府部门规定了保护个人信息的若干事项；《关于保护行政机关所持之个人信息的法律》《关于保护独立行政法人等所持有之个人信息的法律》则适用于政府部门和行使行政职能的特殊法人；而对于非政府部门，则仍主张尽可能针对其特定领域和具体情况制定个别或者加强其自律，以避免因实施严格的个人信息保护而为企业增加过多的负担影响经济的发展。同时，对原来的政府信息公开审查会整合为"信息公开与个人信息保护审查会"，对有关行政机关处理的涉及政府信息公开与个人信息保护的复议案件进行咨询。

1.《关于行政机关保有的情报公开的法律》。1999 年 5 月，日本的《情报公开法》经过多年的讨论和酝酿，终于颁布实施。它的制定和实施经历了由地方政府到中央政府的过程。《情报公开法》第 1 条规定了该法的立法目的："根据国民主权理念，就行政文书公开的请求权作出规定，依此规定使行政机关保有情报更加公开，使政府对各项活动向国民的说明责任得到履行，同时有助于推进在国民正确理解和批评之下的公正、民主的行政。"这一规定强调"国民主权理念"和政府的"说明责任"，确立了国民对行政机关所有的情况享有的一般请求权制度。

对于适用机关与适用文书，《情报公开法》第 2 条规定，该法适用的行政机关是国家行政机关。包括：

（1）根据法律规定由内阁设置的机关以及内阁以下设置的机关，如内阁房、内阁法制局、安全保障会议、人事院等；

（2）根据《国家行政组织法》第 3 条第 2 项规定作为国家行政机关设立的机关，如府、省、委员会及厅等；

（3）根据《国家行政组织法》第 3 条第 2、3 项设立的设施机关及特殊机关及其分支机构。

关于公开请求权人，《情报公开法》第 3 条规定，任何人都可以向行政机关长官提出情报公开的要求。根据《情报公开法纲要案的思考》对此问题的解释，不限于本国国民，在日本的外国人也可以成为情报公开请求人。关于在国内没有居住地的，也没有是否与本人有利害关系的限制和将该情报作何适用的限制。这与地方公共团体的情报公开条例相比有很大进步。对请求人不作主体资格、主观动机目的等限制，符合当今不断开放的社会发展趋势，在执行上也容易掌握，由于该法有"不公开情报"等限制规定，向"任何人"公开行政情报也不会损害国家及公共利益。

当然，《情报公开法》也有许多方面的问题未予以涉及或尚待讨论。比如，关于司法救济方面的问题。该法虽然对这类行政案件的管辖及案件移送作了特别的规定，但该案件仍有许多特别之处，如诉讼类型问题、书面审理及其他不同开庭审理的程序问题、提交证据及双方质证问题、行政救济的前置问题等，该法未作明确规定。《情报公开法纲要案的思考》指出，在情报公开的行政诉讼实践的基础上，政府将对该类问题作了专门探讨。对于个人情报向本人公开问题，《情报公开法》没有专门规定相关内容。对此，《情报公开法纲要案的思考》指出，个人情报向本人开示问题属于保护个人情报制度问题，留待专门探讨；同时指出，各有关省厅应从保护个人权利和利益的观点出发，尽早对本人开示问题进行调查研究，对有关问题予以解决。关于特殊法人的情报公开问题，比如各种公团、事业团、公库、银行、营团、基金、协会、共济组织等的情报公开，《情报公开法》没有作具体规定，只是要求政府"对应特殊法人的性质和业务内容，推进特殊法人保有的情报的开示及提供，采取关于情报公开的法制上的措施及其他必要措施"。由于特殊法人的活动和国民社会生活密切相关，要求特殊法人的情报公开的呼声很高。适时确定特殊法人的情报公开制度，也是实施《情报公开法》的课题之一。

2. 《个人信息保护法》。2003 年通过的《个人信息保护法》，针对政府部门和非政府部门规定了保护个人信息的若干共同事项，共六章 59 条，分为总则、国家以及地方公共团体的职责、个人信息保护的措施、个人信息处理业者的义务、杂则和罚则。在该法中，"个人信息"指的是与生存着的个人有关的信息中因包含有姓名、出生年月以及其他内容而可以识别出特定个人的部分。

# | 第四章 |

## 个人数据法律保护的现状评述

　　随着经济发展与计算机的广泛普及，大数据的浪潮席卷全球，我国已然成为数据大国。同时这使得个人数据的收集、处理与使用等过程在计算机技术的作用下变得更加方便与迅速，由此所带来的个人数据的安全问题也日益凸显，泄露、贩卖现象时有发生，但我国面对此类问题却未作出有效处理，尚未出台一部专门性的法律，而是散见于各个部门法中，明显存在欠缺。

## 第一节　刑法保护现状评述

　　公众个人数据泄露具有多方面的原因：一是数据主体信息安全意识淡薄，无意间泄露了个人数据；二是立法滞后，监督不严；三是数据的传播具有动态、交互、匿名化等特征。网络给个人数据泄露提供了平台，需要用刑法予以规制，但是《公民个人信息保护法》几经酝酿，至今仍未出台。作为对呼声高涨的《公民个人信息保护法》的回应，我国一方面积极推进《公民个人信息保护法》的制定，另一方面在 2009 年通过《刑法修正案（七）》，将侵犯公民个人信息的行为入罪，2015 年又通过《刑法修正案（九）》对该罪名作出了更进一步的规定。纵观当前我国对个人数据的刑法保护，主要存在以下几个方面的不足：

## 一、前置性立法缺失

1. 从我国刑法对公民个人信息的保护现状和保护体系来看，一部系统的前置性法律一直处于缺失状态，也就是说缺少这样一个启动刑罚的前提。从法理学层面进行分析，"先刑后民"或"先民后刑"等类似思维，不应成为评定危害社会的一种行为是否应当被规定为犯罪的标准。因为，在部门法当中，刑法和民法具有相同的地位，不存在位阶高低之分。我们在分析和研究个人权利受到外界的侵犯时，要基于各种法律领域进行，充分考虑到不同领域所具有的不一样的特征，不能混用不同领域的法律概念。从另一个侧面来看，刑法对某个行为进行惩处的基本前提条件是该行为必须已经触犯了前置性法律规范，否则不能够以刑罚的标准来对其进行处罚。但是，从我国立法现状来看，我国立法机关在公民个人信息保护方面存在着"先刑后民"的思想，在侵害公民个人信息的行为频发的现实下，并未颁布实施针对其的法律法规，而是在刑法当中纳入了对公民个人信息进行侵害的相关犯罪行为，此种立法模式是本末倒置的体现，更是对制定前置性法律的"倒逼"。

2. 前置法的违反是成立侵犯公民个人信息罪等个罪的必要

条件。或者是说，违反前置法是定罪处罚行为人对公民个人信息进行侵害的必要前提条件。由此不难看出，我国十分有必要尽快建立健全关于个人信息保护的前置性立法，比如个人信息保护法等。而从建立一套完整的公民个人信息刑法保护体系出发，也亟需制定一部前置法。就现阶段而言，我国尽管已经在某些规范性文件中提及了关于保护公民个人信息的相关内容，其中最具代表性的就是《档案法》《全国人民代表大会常务委员关于加强网络信息保护的决定》以及《中华人民共和国身份证法》等，然而从具体的形式上来说，这只是一些较为分散的法律规定，还有待于立法机关对这些分散的法律规定进行归纳。

3. 公民个人信息的概念需要在前置法中予以明确。在对个人信息实施侵犯的所有犯罪活动当中，犯罪危害行为主要针对的就是公民个人信息，即犯罪的对象是公民个人信息。然而，我国刑法关于保护公民个人信息的条文当中并未具体的规定"公民个人信息"的内涵，也未就其外延进行任何的解释，其适用于什么样的范围，以及其他判定犯罪与否的问题，刑法及其修正案也都没有作出规定或解释。这就需要前置性法律进行界定与规范，树立一个明确的立案标准，以便于司法机关对法律条文的适用，防止侵犯公民个人信息的犯罪行为逃脱追诉及同案不同判的情形发生。

## 二、"侵犯公民个人信息罪"存在的问题

侵犯公民个人信息罪由《刑法修正案（九）》通过对《刑法修正案（七）》相关条文修改而来，虽然是被"修补"后的"新生物"，但是其中仍存在许多问题：

1. 侵犯公民个人信息罪条文中规定的"情节严重"标准不明确，影响定罪、量刑。《刑法》第 285 条第 2 款规定的非法获取计算机信息系统数据罪及第 177 条之一第 2 款规定的窃取、收买、非法提供信用卡信息罪，均以司法解释的形式对其中的"情节严重""情节特别严重"进行了明确规定，对此类犯罪的定罪量刑予以明确的规定，但是《刑法修正案（九）》对侵犯公民个人信息罪进行修改后，对法条中的"情节严重"仍未进行明确的规定。此外，司法解释当中也未详细说明什么样的情形才算是"情节严重"。

众所周知，刑法具有谦抑性，即并非所有领域的社会关系都需要其介入并加以调整，只有当一个行为达到一定的社会危害程度时，刑法才将其纳入刑法的保护范畴。但截至目前，侵犯公民个人信息罪的行为如何才算达到"情节严重"的程度，法律法规仍未进行明确，也无相关的前置法和司法解释对其具体情形予以界定或说明。这就致使在裁判案件的过程中，法官因为没有统一的衡量标准，仅依靠其个人的主观能力来判断此类犯罪行为，极易出现因法官不同而导致类似案件的裁判结果不同，甚至裁判结果差距甚大的情况。为证明以上观点，笔者从中国裁判文书网中随机抽取了两个案件。吴某侵犯公民个人信息案与黄某非法获得公民个人信息案便是其中的典型。

2015 年 11 月，被告人吴某在网络上查询到了许多新型的诈骗方法，然后到处打听哪里可以购买他人信息，并在电白区树仔镇以每张 10 元的价格购买了一批公民个人信息，然后被告人吴某以"猜猜我是谁"和冒充"领导有事找"的方式实施电话诈骗。虽然截至案发被告人吴某未诈骗得逞，但经公安机关侦查发现，自 2015 年 11 月起被告人吴某共拨打诈骗电话 3000 余个，公安机关将被告人吴某抓获时在其住处搜出公民个人信息卡共 150 条。2016 年 7 月 15 日，广东省茂名市电白区人民法院以侵犯公民个人信息罪判处被告人吴某有期徒刑九个月，并处罚金人民币 1000 元；2014 年前后，数十亿条公民个人信息被不法分子搜集后在网上泄露，被告人黄某在未经信息所有人允许的情况下，通过互联网下载的方式获取了大量公民个人信息（包括公民酒店入住信息、公民铁路互联网注册信息、个人简历信息等）。2014 年 5 月，被告人黄某创建了其私人的"密码库"网站，并将上述公民个人信息上传至该网站，采取注册会员收取每人 100 元的方式将近 3 亿 9000 余万条的公民信息供会员查询使用，截至案发，被告人黄某共计获利 20 余万元。2016 年 6 月 20 日，湖北省阳新县人民法院以非法获取公民个人信息罪判处被告人黄某有期徒刑六个月，并处罚金人民币 20 000 元。上述两个案例，后者无论从涉案公民信息条数、金额、危害范围均远超前者，而最终判决却明显轻于前者，这便是"情节严重"规定不明确，导致量刑不均衡的有力证明，显然不利于公正司法环境的建设。

2. 侵犯公民个人信息罪法律条文中第 1 款与第 3 款法定刑的设置不符合"罪责刑相适应原则"。贝卡利亚在《论犯罪与刑罚》一书中曾经指出，如果社会当中出现了越来越多的对公共利益进行侵犯的罪行，那么就会增加犯罪行为的嚣张气焰，我们就越需要付出更多的努力和更加行之有效的手段来打击这种犯罪行为。如果我们能够借助于几何学的知识来梳理这些混沌不清和源源不断的人类行为组合，那么我们就能够得到一个循序渐进的、逐级递增的刑罚阶梯。借助于该阶梯，我们实际上就可以对自由和暴政程度进行有效的衡量，通过这个结果看出不同国家的人道程度，也可以反映出人道败坏程度。在我国，一直在对"罪责刑相适应"原则进行严格贯彻落实，对不同的犯罪行为实施不同的刑事处罚，犯罪行为社会危害性越重，对其刑事处罚也就越重。侵犯公民个人信息罪的条文中第1款规定，违反国家有关规定，以非法的途径和手段对公民个人信息进行收售贩卖的，属于较为严重情节的，则需要承受三年以下的有期徒刑，同时还要给予相应的罚金；如果属于特别严重情节的，那么有期徒刑的时间要增加到三年到七年，同时还要给予相应的罚金。第2款规定，将特殊途径获得的公民个人信息出售或者提供给他人，根据前款规定要予以严重的处罚。在第3款当中也明确规定，按照第1款中的规定来处罚对个人信息进行窃取的行为。通过对比我们可以看出，《刑法修正案（九）》考虑到了侵犯公民个人信息罪的条文中的第2款行为一般来说危害性比其他两款行为大，故为其设置了较重的法定刑。但其对第1款与第3款行为的法定刑却未予以明确区分。

3. 侵犯公民个人信息罪法律条文对罚金无限额规定。我国《刑法》在对公民个人信息犯罪罚金刑的设置上实行的是无限额的罚金刑，既未规定罚金征收起点也没有规定罚金征收最高额限制。换而言之，在侵犯公民个人信息罪中，罚金的征收数量和标准没有一定的参照和限制，在司法实践中法官只能凭借个人主观来进行裁量，此种情况易导致法官自由裁量权的恣意行使，容易在司法实践中出现罚金畸高或者畸低的情况，不利于量刑规范化目标的实现。而且，行为人对其违法成本亦没有预期，客观上降低了刑法对打击犯罪的威慑力。为证明以上观点，笔者从中国裁判文书网中随机抽取何某出售公民个人信息案与王某甲非法出售公民个人信息案予以论证。被告人何某系苏州市公安局吴中分局长桥派出所的警辅人员，因每月工资收入较低，又负责公安内部信息网络查询工作，便利用职务之便，于2013 年 9 月至 2014 年 5 月，通过公安内部信息系统非法查询公民个人户籍、住宿、车辆等信息数百条，并以每条数十元的价格将上述信息出售给他人，非法获利共计 66 760 元。2015 年 2 月 2 日，苏州市吴中区人民法院判处被告人何某犯出售公民个人信息罪，判处有期徒刑 8 个月，缓刑一年，并处罚金人民币10 000 元。被告人王某甲是秦皇岛某汽车公司的员工，因其工作是负责为客户代办车辆上牌、过户、年审等手续，可以接触到大量的客户信息，于是其在 2012 年初至 2012 年 7 月期间，搜集客户的驾驶证复印件等公民信息，并将搜集的 50 人的驾驶证编号发送至陈某，获利 13 300 元。2015 年 9 月 15 日，重庆市合川区人民法院判处被告人王某甲犯出售公民个人信息罪，有期徒刑 6 个月，缓刑一年，并处罚金人民币 20 000 元。上述两个案件，无论从涉案条数、金额还是被告人身份、主观恶性上，均是前者大于后者，暂不论刑期的轻重与否，单从罚金上来看，就显失公平。

### 三、间接个人数据的刑法保护缺位

通过刑法对个人数据的保护可以看出，现行刑法只强调保护直接个人数据，而对以下两种行为并没有关注：一是对大量获取间接个人数据的行为，二是对利用间接个人数据的行为，即通过挖掘、关联大量间接个人数据得到直接个人数据并滥用的行为。间接个人数据关联有大量的个人直接信息，不管是网络购物平台或者是行车记录仪、智能手机等，均有大量的间接个人信息，但是刑法对此保护缺位，一方面预留了法律的漏洞，让不法分子有机可乘；另一方面，对间接个人数据侵害的严重后果不亚于侵害直接个人数据，对间接个人数据的保护具有现实必要性。

### 四、个人数据刑法保护的起诉模式有待改进

我国现行刑事诉讼模式包括公诉与自诉两种，一般情况下，当个体法益遭到侵害并产生社会危害时，国家才启动相应程序对犯罪分子提出控诉。但在大数据时代，侵犯个人信息行为多发，仅靠公权力的介入，难以全面保障公民合法权益。比如，日本刑法典中明确部分个人信息犯罪为亲告罪，公民可以自行通过刑法维护个人信息的权利，这样有利于公民在信息时代更好地维护自身权益，在法治逐步完善、公民维权意识觉醒的未来也应该更容易得到认可。让信息主体加入刑事维权队伍中，将侵犯个人信息行为列入刑事自诉范围内，由受害方与国家共同行使诉权，才能切实提高运用法律手段保护个人数据，同时节约司法资源的能力。

### 五、个人数据犯罪处罚力度不够

目前，虽然刑法对部分犯罪作出了一定的规制，但显然没能满足社会公众对法治保护个人信息的需要。"互联网＋"模

式推动各行各业积极发展，个人数据作为大数据时代的基本元素，已然渗透到社会的方方面面。公民的个人数据被侵害，通常采用行政、民事赔偿等手段维权，但是往往维权成本较高，维权效果并不理想，某些维权仅为事后救济，对公民个人的伤害已然造成。另外，在司法实践中，还有很多侵犯个人信息的行为无法从刑法中找到法律依据，如偷窥偷拍案例，尤其是利用针孔摄像头、微型摄像机等高新技术实现对个人隐私的侵权行为。这类侵权行为通过《治安管理处罚条例》进行短期拘留或小额罚款加以惩戒，违法成本过低。2016 年 11 月出台的《网络安全法》虽然对网络环境予以规定，但在涉及泄露个人数据的法律责任中表现为警告、罚款或者从业禁止，刑罚处罚力度不够。

此外，对"非法利用"行为规制缺失。当前，对公民个人信息进行侵犯的惯用伎俩是假冒他人的信息。在诈骗犯罪中，一些个人信息在被行为人获取之后，通常表现为假冒他人骗取财务。但在诈骗类犯罪之外，一般性身份欺诈也是十分常见的，即利用他人的个人信息作掩护，从事非法活动，主要体现在洗钱、走私和反司法侦查过程中。这给公民个人信息真正持有人的名誉、信用带来了严重的损害，同时也给公安机关侦破、取证等活动带来了严重的阻碍。而目前，我国公民个人信息刑法惩处的只是出售、非卖提供等行为，并无惩处非法利用方面的相关规定，可见，我国刑法在保护公民个人信息相关犯罪的行为方式上是存在疏漏的。

## 第二节　民法保护现状评述

### 一、大数据环境下个人信息民事侵权方式的多元化

大数据运作的基础是超量的数据收集，对于一些用户量大的电商平台和社交网站，比如腾讯，阿里巴巴和京东等，是很容易收集到这些数据的，如此便利的数据收集加上掌握大量的信息，很容易对个人信息保护造成威胁。信息收集者可能由于利益的需求，将会更深入地分析处理用户的个人信息。因而在大数据环境下，存储成本大大得到了降低，这些被采集和存储的信息呈现出几何级别的增长速度。在这样的背景下，个人信息被非法侵害的危险加大，个人信息权利主要是公民的民事权利，那么对个人信息权利的侵害主要表现在对民事权利的侵害，因此我们应该加大对大数据环境下侵犯个人信息的方式的分析，这样才能更好地预防对个人信息的民事侵权。从个人信息安全看，主要存在以下问题：互联网平台在个人信息的管理上存在漏洞；收集和滥用个人信息；擅自公开和传播个人信息的行为。

（一）个人信息的非法收集

大数据的运作离不开对信息的收集，大数据环境下对个人信息的民事侵权主要表现在对个人信息的非法收集，如果信息收集者是互联网平台的商家，那么这样的信息收集者拥有了庞大的用户群体，在未经个人信息主体同意或不知情的情况下收集个人信息，将有可能侵害到个人信息主体的民事权利。在互

联网迅速普及的今天，经常曝光互联网公司非法收集用户信息的事件。中科院曾经揭露 360 浏览器存在非法收集用户个人信息的情况，比如收集用户浏览页面的地址，收集用户在浏览器地址栏搜索的信息等。研究人员称，当在 360 安全浏览器中搜索一个网站的网址时，360 会向公司的指定服务器用户输入的数据，而这些发到公司的信息能够确定出具体的 ID，这有可能导致输入信息以及浏览记录被追踪或泄露，从而给用户造成侵害。360 后台在用户不知情的情况下利用云端的指令恶意下载组件，这些组件存在于用户的电脑中，可能对用户的电脑造成恶意侵入。

　　大数据环境下非法收集个人信息的事件不仅局限于我国，美国也曝光了"棱镜计划"。美国的情报机构从互联网公司进行数据的挖掘工作，从音频、视频、图片、邮件、文档以及连接信息中分析个人的联系方式与行动。这些非法收集工作是美国情报机构的秘密工作，个人信息主体并不知情，从这些个人信息中可以获取大量个人信息，其中不仅涉及个人信息的敏感信息，而且邮件中可能涉及一些公司机密，给个人或公司带来直接的财产侵害。

　　个人信息的非法收集是由大数据的运作模式决定的，数据的收集是大数据分析的基础，因此非法收集行为也应该被认定为基本的侵权行为。前面已经提到过，笔者认为个人信息的法律属性为人格权，人格权受到法律的保护，那么，个人信息所具有的人格利益也理应受到法律的保护。信息收集者在收集个人信息时也需要尊重个人信息的人格利益，当需要收集个人信息时，必须经过个人信息主体的同意和知情的情况下才能收集，否则将有可能侵害个人信息主体的人格利益。

（二）个人信息的过度分析

在大数据时代，大数据在运作过程中还可能对个人信息进行过度分析。据统计，截至 2015 年 6 月，腾讯 QQ 月活跃账号是 8.434 亿，用过 QQ 的用户应该知道"朋友网"这个功能，在"朋友网"你可以查找到自己的朋友和同学，但是当你在"朋友网"搜寻"可能认识的人"，你可以搜到成百上千的朋友，遍布了从小学到大学的同学，但是这样庞大的关系网不禁让我们反思，我们未曾提供任何个人信息给"朋友网"，它们却可以从数以万计的用户中查找到与自己相关的信息，着实让人吃惊。该网站不仅会提供可能认识人的姓名，还会提供相册、日志、说说、学历等一系列个人信息。这个网站虽然为用户提供了找人的便利，且用户的信息也是自愿提供的，但是这样的信息却被用来分析用户的人际网络，明显属于过度分析，把个人信息公之于众，浏览朋友圈的人便可以查到你的姓名、毕业院校、毕业年份、照片、日志等个人信息，显然不合常理。在大数据时代，数据的收集者可以通过多种渠道获取个人数据，大量的个人数据可以准确地锁定个人并挖掘出主体的个人信息体系，这势必对个人信息造成重大侵权。

（三）个人信息的泄露

据统计，我国微信用户已达 4 亿，每个人平均每 4 分钟会查看一次微信；网购平台的用户群体更大，2015 年双十一单单阿里的交易额就达到了 920 个亿，且每一年都在刷新交易记录。事实上，无论是通过微博、微信、QQ 平台发表图片、心情，关注评论别人还是网购或者通过诸如"悦跑""咕咚"来记录自己的运动量都需要把自己的信息发布到互联网平台，都存在着泄露信息的可能性。个人信息在流通过程中还可能遭受泄露的侵害。如山东电视台在《调查》节目中曾经播过《360 与百度大战》，报道了 360 浏览器恶意泄露用户个人信息的事件，在节目中，用户表示可以通过 360 的浏览器搜到其他用户的后台从而获取对方的账户和密码。在传统网络环境中，浏览器获得的可能都是随机的个人信息，然而在大数据环境下，浏览器记录的搜索内容可以把个人的碎片信息整理集合起来形成可识别个人的个人信息。360 上传用户的个人信息侵害了广大的 360 用户群体，2010 年底，就有网友反映在相关网站可以下载大量的信息，其中包括用户的邮箱、其他网站登录的账户以及密码、身份信息、姓名、电话、住址等个人信息，这样的个人信息如果落入非法第三方手中其危害是毋庸置疑的，目前互联网公布的案例就有某大型物流公司人力资源详细表、某公司内部管理系统等，这些信息都属于可识别个人身份的个人信息，一旦泄露将严重影响个人的人格利益和财产利益。

在网络环境中非法窃取个人信息也将造成个人信息的泄露。在大数据环境下，海量数据更容易被搜寻到。大数据意味着数据量是巨大的，包含了敏感、重要的数据，其本身就具有巨大经济价值，吸引着很多黑客，况且数据都是大量汇集在一起的，一次攻击就可获得大量数据，使得大数据成为攻击的主要目标。

## 二、大数据环境下现有的个人信息民法保护机制不健全

（一）现有的民法保护机制不适应大数据环境下对个人信息
的保护

大数据环境不同于一般网络环境，前文已经提到了大数据的深入挖掘和二次利用都可能对个人信息的保护带来巨大的挑战。毋庸置疑，法律具有滞后性，但是这种滞后性在民法领域对个人信息的保护上体现得尤其突出，侵权责任法对个人信息的保护范围过窄，主要是保护个人信息中的隐私，还有关于对个人信息中医疗数据的保护。个人信息不仅有隐私信息、医疗信息，还包括很多的其他信息，因此，侵权责任法保护的个人信息涵盖面过窄，不适应大数据新环境下对个人信息的保护的具体要求。随着科技的不断发展，我们的现实生活离不开对个人信息的收集，网购、第三方支付、社交和可穿戴设备无时无刻不在收集着我们的个人信息，并且有的信息还无从知道存储的位置，这一切都加大了个人信息保护的难度。

大数据运作在商业在社会管理层面运用得越来越广泛，侵害个人信息的事件屡见不鲜。2015 年 1 月 21 日，一个用户在京东购买了一个护腰带，几个小时之后就接到诈骗电话，损失了22 万，类似的事件数不胜数。京东并不是国内第一家遭遇用户信息泄露的网购平台，天猫、当当、1 号店都曾发生过类似事件，当用户个人信息遭受侵害的时候，当前的民法体系并没有相关的法律条文能够保护。

我国虽然在个人信息保护问题上做了很多努力，但是在立法保护上还是严重不足。大数据环境下侵权方式多样，大数据

技术对信息的收集和分析都特别强大，对个人信息的侵害也更加严重，但是现有的法律缺乏时效性，不能很好地解决大数据环境下对个人信息的保护。

（二）缺乏专门的个人信息保护法

目前，针对大数据时代带来的挑战，很多国家和地区都制定了相应的制度来保护个人信息。而我国法律相对滞后，目前不少法律法规都有涉及个人信息的保护，但是并没有形成系统，都是比较零散的，仅仅将个人信息列入隐私权来保护，这已经不适合大数据环境下复杂多变的现象。

随着信息社会的到来，人们生活的方方面面都离不开互联网，大数据技术依托互联网环境也越来越强大，随之而来的则是个人信息泄露事件的频繁发生。个人信息的侵权属于民法领域的民事侵权事件，但是侵权责任法比较局限，不能完全解决个人信息侵权事件，这种杂乱无章的现状导致法律在实施过程中不顺畅，甚至造成冲突，究其根本原因还是缺乏一部专门统一的个人信息保护法。

通过考察域外立法，我们可以发现，为捍卫信息和文化主权、保障经济发展、维护个人人格利益，建立全面的个人信息保护法律制度已经成为世界先进国家的普遍选择。而结合我国立法情况，尽管个人信息的民法保护已经有了相应的规定，但是法律条款的数量不多，且其他部门法律中也有关于个人信息保护的内容，甚至是一些效力层次较低的文件中也是如此。由此可以看出，关于个人信息保护的立法比较分散，没有制定一部个人信息保护的专门法律，这不符合我国的法律体制和历来的法律传统，也没有显示出对个人信息的保护力度。

2005 年起草的《个人信息保护法（专家建议稿）》中，将个人信息的法律保护看作是行政手段之下的管理和规制，忽视了个人信息与自然人人格的密切联系，没有体现出个人信息在民事法律关系中的地位，更强调被管理者的义务，而不是被管理者主张个人信息相关权益的权利，因此具有明显的局限性。并且该建议稿不具有法律的性质，对个人信息的保护力度远远不够。

2016 年 11 月通过的《网络安全法》是维护信息安全的重要立法，它将个人信息罗列为保护的对象之一，有效地填补了法律上的空白。然而这仍旧不是专就保护个人信息而制定的法律，其立法价值取向更多地倾向于国家层面，目的是保障国家网络空间安全，对于个人信息更多的只是基于管理和防控的要求进行保护，不重点强调自然人人格利益。因此，我国仍旧需要进行全面、系统的个人信息保护立法。

（三）没有明确将个人信息权益定名为"个人信息权"

通过研读我国以往的法律条文可以发现，给个人信息提供的保护均是以人格权或隐私权为基础的，并没有专门为个人信息设定权利，而个人信息既具有人格属性也具有财产属性，若仅以隐私权作为权利基础，则会排除个人信息的财产属性，无法完全涵盖可主张的个人信息权利的全部内容，进而导致个人信息价值的缺失。以人格权作为权利基础有一定的合理性，但是个人信息与名誉权、肖像权等具体人格权在行为处理上还是有区别的，将个人信息以笼统的人格权形式加以保护，同样会阻碍个人信息价值的实现。

但是这样的情况随着《民法总则》的出台成为历史——第

111 条的内容明确规定保护公民个人信息，这说明不必再以人格权这一内涵过大的权利来保护个人信息，也不必立足于隐私权寻求个人信息受损时的救济，个人信息有了自己独立的地位。不过，尽管这是我国个人信息保护的重大进步，可是在法理中，赋予公民明确的权利是保护公民合法利益的重要前提。考察域外关于个人信息权利的立法不难看出，个人信息权利尽管有不同的称谓，但典型国家均对个人信息专门设定了权利。因而要想更好实现个人信息的价值，排除非法行为的侵害，寻求更有效的保护，必须明确个人信息权益的名称及内涵。《民法总则》未明确写明"个人信息权"，对于个人信息的保护仍然没有达到质的飞跃，所以仍需要积极推进个人信息权益的正名事宜。

（四）忽视个人信息的财产属性

信息的广泛流动为国家和社会带来了丰厚的经济效益，个人信息作为信息的一种，对经济发展的推动作用同样巨大。正是由于个人信息可以带来丰厚的利润，才使其比其他人格权具备了更深层次的价值。而目前我国保护个人信息的法律规定，将个人信息的属性与隐私看作是等同的，其实不然。个人信息具备人格属性的同时也具有财产属性，就如同无形资产，它可以被估价，可以由自然人自由支配，也正是因为如此，才驱使不法分子为了牟利采用各种技术手段，费尽心思地收集个人信息。倘若个人信息仅具备人格权包含的人格利益属性，那么收集、倒卖、泄露个人信息的非法行为就不应该如此大量的存在，毕竟个人信息又不具有财产属性，倒卖它又能得到何种好处呢？这明显是个悖论。因此，我国关于个人信息的属性认知并不准确，体现在立法上就是没有对个人信息的财产属性进行明确规定。

（五）个人信息被侵害时得不到有效救济

这一问题的存在与个人信息的财产属性息息相关。按照我国现行法律，个人信息是比照人格权加以保护的，自然人如因个人信息受到侵害寻求救济，一般采取人格权受侵害的救济方法——赔礼道歉、恢复名誉、消除影响，情节严重构成犯罪的，对犯罪分子处以刑罚。这两种救济方式都不涉及财产性救济。但是个人信息具有财产属性，就如同侵权人盗取他人财物谋取利益一样，侵权人利用个人信息为自己谋取了利益，却给被侵权人带来了财产损失。如果被侵权人想要获得财产性救济，仅能依据精神损害赔偿的规定向法院提起诉讼，而且还需证明自己存在精神损害，才有可能得到支持，可是最终获取的赔偿有很大可能与实际损害不符。如此高昂的维权成本让受害人望而却步，产生厌讼心理，最终侵权损害得不到实质的补偿。而此时侵权人却几乎不需要承担责任，侵权的成本极低但收益却很高，最终导致侵害个人信息的行为屡禁不止，出现恶性循环。因此，没有明确个人信息的财产属性，没有为个人信息侵害提供财产性救济的方法，也是我国个人信息保护中的一个重要问题。

# 第三节　行政法保护现状评述

## 一、我国个人信息公法保护的立法缺失

国家对个人信息的收集和处理是一个古老的社会现象。"私

人信息的收集同社会本身一样古老。它可能不是最古老的职业，但却是最古老的习惯之一。""早在 11 世纪，威廉一世在不列颠进行的大清查是英国历史上第一次人口与财产的大普查，其目的是为了征税。"国家为了实现统治目标、管理社会，必须通过征税、调查、征兵、统计等方式收集公民的个人信息。在警察国家时期，各国政府因秉承消极政府的自由理论，对社会的干预较少。在这样的背景下，政府的管理事项比较简单，仅限于治安、税收、国防、外交等事项，且限于当时的信息技术，政府对个人信息的收集和使用相对较少。20 世纪 60、70 年代，计算机、网络和信息技术迅速发展，政府普遍运用新型技术，使个人信息的大批量处理、储存、传递、使用成为可能，政府的行政效率不断提高。与此同时，各国也开始奉行积极政府的治国理念，政府的职能不断扩张。服务行政背景下，完成各种行政任务的前提是政府需要大量收集个人信息，比如人口普查、社会保障、医疗、居民身份、教育、税款征收、犯罪记录等。"国家统治对个人信息的需求加上高效率的技术能力使得各种专业政府的巨型数据库应运而生。伴随着信息技术的不断进步，行政事务范围的不断扩张，对行政管理效率的不断追求，融合各个分散的、专门化的政府巨型数据库，建立国家级统一公民信息数据库的设想也就是顺理成章的事情。在这个时期，西方发达国家普遍进入了一个政府巨型数据库时代。"

在我国，与技术上的突飞猛进形成鲜明对比的是，个人信息保护法律制度的严重缺失。实践中，虽然政府经常性地收集和处理个人信息，但因我国历史上集体主义为重心的传统观念，长时间缺乏个人信息保护的理念。尽管自 2003 年始，我国就开始着手个人信息保护的立法，但《个人信息保护法》至今尚未出台。目前我国对个人信息保护的法律主要由零星的、个别的法律、法规或在地方政府规章予以简要提及。

我国公安机关的户籍管理依据的是 1958 年《户口登记条例》。该条例因颁布时间较早，未能对目前社会的个人信息保护予以规范，导致许多行政活动实际上处于"无法可依"的真空状态。公安机关目前在收集个人信息及办理户口、身份证、居住证等业务活动时实际上就只能根据政府当时所制定的政策、政府部门的业务需要及相关的惯例进行。1991 年 9 月 4 日通过的《未成年人保护法》第 30 条规定："任何单位和个人不得公开未成年人的个人隐私。"这是中国法律中首次提出"隐私"这一概念。2004 年施行的《居民身份证法》第 6 条第 3 款规定："公安机关及其人民警察对因制作、发放、查验、扣押居民身份证而知悉的公民的个人信息，应当予以保密。"第 19 条第 5 项人民警察因违反第 6 条第 3 款规定侵犯公民合法权益，应承担法律责任。2006 年施行的《治安管理处罚法》第 80 条规定："公安机关及其人民警察在办理治安案件过程中，对涉及的国家秘密、商业秘密或者个人隐私，应当予以保密。"2006 年的《护照法》第 20 条规定，护照签发机关工作人员在办理护照过程中有泄露因制作、签发护照而知悉的公民个人信息，侵害公民合法权益的，依法给予行政处分。2008 年的《政府信息公开条例》（以下简称《信息公开条例》）第 14 条第 4 款规定："行政机关不得公开涉及国家秘密、商业秘密、个人隐私的政府信息。"此外，《信息公开条例》分别规定了信息主体的信息公开同意权、信息更正权及信息救济权。

整体来看，目前我国对个人信息的公法保护制度尚未全面建立。对个人信息的保护目前仅仅只来源于上述所罗列的法律、法规或规章中的部分零散条款。行政管理实践中的部分行政机关，通过制定一些内部规定为数据库的使用作出一定的限制，如个人信息的保密、有权查询人范围的规定等。这些行政内部规定虽然在客观上也能够起到保护个人信息、限制政府行政恣意的作用，但终究因没有统一的个人信息保护法，缺乏对个人信息保护的整体性、系统性、明确性的法律规范，不能充分实现限制政府权力、保护个人信息的制度规范功能。而除此之外，绝大部分政府巨型数据库的运作处于无法可依的、无章可循的自由松散的状态。随着我国公民的人权保障观念的不断提高，公民个人信息权的法律保护的需求越来越强烈。而与之形成反差的是，我国尚未有统一的个人信息保护法制。

## 二、个人信息公法保护立法缺失的成因分析

考察我国现行立法，有关个人信息保护的法律规定的数量非常少，还没有形成完整的法律保护体系，这显然不利于对个人信息的全面保护。究其原因，主要表现在以下方面：

### 1. 历史文化传统对个体价值的漠视

我国传统文化一向强调集体价值，而忽视个体价值，这样的价值取向使得隐私作为公民的法律权利在中国始终缺位。在中国一谈到隐私，人们就会联想到男女关系之隐私，许多人对隐私的理解也仅仅局限在伦理道德层面。"尽管中国文化有许多积极遗产，但是对个人隐私的尊重与保护则是一个薄弱方面，甚至存在反隐私的倾向。这样的传统文化根深蒂固地影响着普

通公民和公共机构的日常行为。"中国传统一直没有个体之观念，只存在集体成员的取向，到如今这种影响依然挥之不去。这是因为历史上我们一向对隐私权的保护比较忽视，传统道德观念中也有反对隐私权保护的倾向，因而尚未在立法中加以体现。

2. 个人信息保护的理论研究较为薄弱

我国的隐私权理论研究起步较晚，许多问题尚待解决，还没有形成一套成熟的隐私权保护理论体系。相比于美国、德国等欧洲国家，我国个人信息保护的理论研究尚不够深入。对个人信息的研究仅限于从民法角度之隐私权视角，而缺乏对个人信息对抗国家公权力的宪法行政法视角的研究。

3. 政府个人信息保护责任缺失

在行政实践中，行政机关漠视公民个人信息权，往往基于国家行政任务完成的目的或其他需要而收集或使用或传输个人信息。政府各部门通常在没有法律依据或仅仅根据内部的行政规定下向公民收集个人信息；有的行政机关超出法定依据或法定目的收集个人信息；有的行政机关随意将个人信息传输给其他行政机关使用等情形。2009 年中国社科院、社科文献出版社发布《法治蓝皮书》指出，在中国，因能够采集到公民身份证信息的机构疏于管理致使客户身份证信息泄露的情况非常严重。以我国居民身份证制度为例，因缺乏个人信息的保护理念，居民身份证号码重号现象严重。据资料报道，西安市近 13 万人身份证号码重复，四川省南充市仅顺庆区就有 7 千多人身份证号码重复。对此，政府应当履行什么义务、承担何种法律责任，政府缺乏对此的责任意识。与此同时，公民对个人信息对受到行政权力的侵犯如何寻求救济也无从知晓。

# |第五章|

## 国内外数据产权保护制度梳理

## 第一节  国内数据产权保护制度梳理

  大数据交易所的建立和交易市场的扩大，打破了政府、企业等信息条块分割的现状，实现了信息的自由流通，推动了信息的共享和利用效率，加快了产业的升级和转型。大数据交易是把大数据作为所有物的一种进行交易，这必然涉及数据的产权问题，包括数据的所有权、使用权、收益权等问题。而其中最核心、最迫切需要解决的问题就是所有权的归属问题，然而我国的法律并没有对数据的归属作出明确规定。通过对我国关于大数据交易的相关法律法规和大数据平台的建设现状进行调查，可以发现，由于数据产权法规、隐私法和相关交易法规的缺失，我国大数据交易在实践中面临着产权不明、授权复杂、定价困难、交易缺乏透明性、难以保证公平交易 、隐私泄露等法律风险。

  目前与大数据交易相关的文件包括国家政策、地方性法规、行业规范三类，其中国家政策类文件较多，主要有：2006 年《2006~2020 年国家信息化发展战略》、2008 年《政府信息公开条例》、2011 年《关于深化政务公开加强政务服务的意见》、2012 年《"十二五"国家战略性新兴产业发展规划》、2013 年《电信和互联网用户个人信息保护规定》、2014 年《政府工作报告》、2015 年 9 月《促进大数据发展行动纲要》、2015 年 10 月《中共中央关于制定国民经济和社会发展第十三个五年规划的建议》、2016 年 1 月《关于组织实施促进大数据发展重大工程的通知》。地方性法规只有贵州省于 2016 年出台的《贵州省大数据发展应用促进条例》。部分大数据交易平台也推出了大数据交易的行业规范，目前国内设立的大数据交易所相继出台一系列规则，如上海大数据交易中心制定《个人数据保护原则》《数据流通禁止清单》《数据互联规则》《数据流通原则》等；安徽大数据交易中心制定《安徽大数据交易规则》；贵阳大数据交易所制定《贵阳大数据交易所 702 公约》；哈尔滨大数据交易中心制定《哈尔滨数据交易规则》；江苏大数据交易中心拟定《大数据交易用户协议》；中关村数海大数据交易平台出台《中关村数海大数据交易平台规则》（征求意见稿）等。

就上述文件而言，国家政策主要是原则性的指导意见，明确了国家支持大数据产业发展的态度，但就其内容而言，并没有规定大数据交易的具体内容。《贵州省大数据发展应用促进条例》是地方性法规，法律效力层级低，作为区域性的地方性法规，仅在贵州省行政区域内具有法律效力。从其内容来看，仅有 39 条，除总则和附则之外，主要规定了发展应用、共享开放、安全管理、法律责任四部分内容，其中第四章安全管理部分仅有 3 条，虽然已体现出对大数据交易安全的足够重视，但内容单薄，难于实现监管的目标。大数据交易平台推出的行业规范，均是交易平台自行制定的行业规范，经交易主体认可后仅在交易平台内部适用，不具有普遍的法律约束力。

总体而言，上述文件、政策、法规及行业规范更多的只是指导性的内容，并没有规范大数据交易的具体内容，未形成我国大数据交易法律监管制度。鉴于法律的稳定性和现实的多变性，我国应尽快通过行政法规的形式建构大数据交易的法律监管制度，明确监管模式，同时对大数据交易的交易主体、交易范围、交易价格、交易质量等核心内容进行监管。

## 第二节　国外数据产权保护法律规制梳理

### （一）注重维权的欧盟模式

法规一向严苛的欧盟，采取的是集中立法的方式，制定了专门针对数据权益的《一般数据保护条例》（以下简称《条例》）。这个条例更加注重维护数据权益，对数据资源管理采取了前所未有的严格控制。而且条例在企业内部控制和合规管理方面的详细的管理规范也具备极强的可操作性。

#### 1. 重构保护条例的管辖划分

《条例》的管辖不是依照传统的属地、属人方式，而是以数据内容的分布状态来确定。条例溯及于通过网络向欧盟居民提供产品和服务的任何企业或组织，而和企业或组织所在的地域位置无关。基于互联网的连通性和流动性，数据分布本身总是处于动态变化之中，这就意味着条例管辖范围会随着数据在互联网上的流动而不断变化。这看似是欧盟的数据保护条例，却成了针对全球任何企业的规范。

**2. 严格企业内部的控制监管**

企业或组织必须构建针对数据的操作监管机制。在企业运营中必须记录所有的数据操作日志，以备政府及相关监管机构检查管理。这些企业或组织还应该以公开透明的方式任命有专门数据保护知识的数据保护专员，来确保企业会遵守数据保护条例的规定，并在企业发生违反数据保护条例的行为时，承担相应的法律责任。

《条例》还要求企业或组织在数据泄露等安全事件中，须第一时间报告政府和相关监管机构，并统计好数据泄露的规模、形式、渠道以及会波及的影响范围。如果数据安全事件的发生会对数据来源方面比如公民个人产生负面影响，企业或组织必须立即告知所有数据来源方，并以采取任何必要的措施来制止和消除影响。

**3. 细化保护原则的现实履行**

《条例》规定了数据保护的前瞻原则、最小原则、告知原则和退出原则。

前瞻原则要求企业在业务系统和产品服务的设计阶段，就必须遵从条例要求对涉及数据的环节进行全面构造，并能提供自己满足了这样设计要求的相关证明资料。

最小原则要求当数据处理过程中面对包含了数据共享的若干级别时，必须以共享内容最小的级别，即不共享任何内容为默认的缺省级别。

告知原则要求数据管理者在采集和利用用户数据前必须向

用户明确告知被收集的数据会包含哪些内容以及数据会被以何种方式利用，并且必须获得用户的明确授权。

《条例》不认可任何形式的"缺省同意"。退出原则要求相关企业或组织在收到用户撤回自己向其给予的个人数据使用授权时，必须立即删除所有相关数据并不得保留任何备份。数据的退出并非清晰且易于执行。因为采集到的数据会零散地分布在企业的多个业务系统和产品模型中，庞大数据库中过滤出一份特定的个人数据完全删除，还要确保所有数据同步删除没有遗漏，实现起来困难重重，也会带来巨大的成本压力。

4. 提高侵权责任的惩罚上限

《条例》对于违法行为设置了巨额的惩罚上限。对于严重的违法行为，罚款上限是 2000 万欧元或前一年全球营业收入的 4%（两值中取大者）。假设针对 Google 或 Facebook 这样体量的互联网巨头按照其全球营业收入罚款，那这动辄几亿甚至几十亿美元的罚单确是处于欧盟立法中一个相当高的标准了。

《一般数据保护条例》极大触动了国际互联网巨头的利益。欧洲和美国的行业组织纷纷发声，指出条例的数据保护约束过于严苛，会给企业带来相当大的额外成本压力，这将极大阻碍商业价值挖掘和大数据产业的发展。

可以预见在大数据时代下，欧洲会在《一般数据保护条例》的制约下且与美国有较大差异的道路上继续前行。为了补偿对于企业创新空间的挤压和应对监管的成本，更多的还要靠政府在数据保护和技术创新之间去谋求平衡。

（二）鼓励创新的美国模式

作为大数据技术的发源地，美国在数据保护上采用相对宽松的管理理念，政府对大数据技术的应用发展一直保持积极支持和鼓励的政策。数据资源充分自由的流动，让企业获得了更为广阔的产业创新空间。其立法保护模式主要有以下特点：

1. 权利保护领域，多措结合的分散形态

在相关的立法重点上，美国注重通过立法防止公权力和其他私有主体侵犯公民数据权利。不同于欧盟采取了制定专门法律保护数据权利，美国则是采用分散式立法的模式。具体包括：在限制公权力侵犯个人信息范畴上，制定《信息自由法》和《隐私法案》；在对私有企业主体限制的范畴上，广泛分布于金融、电信、医疗等行业领域的市场管理规则中都根据不同行业的特点嵌入了个人数据保护条款。同时，作为高度重视创新带动技术发展的国家，美国政府也在推动个人数据保护方面的行业自律，包括让各类自律组织制定相关行业指引或由权威技术联盟提供隐私认证；同时，与欧盟签署服务于数据共享"安全港"协议，在欧盟和美国之间创建健康的国际数据资源利用生态。然而即便这样，在飞速发展的大数据技术面前，这些制度架构仍然无法很好地在技术适用与非经济价值的保护之间取得完美平衡。

奥巴马政府发动了一系列"我的数据"（My Data）行动以使美国公民享有的数据资源能被安全管理，并鼓励具有使用和分析这些数据技术的企业发展，使之更好地为公民提供服务。行动目的在于使每一个美国公民都能安全地获得健康、税务、能源和教育等数据资源，利用大数据技术为其管理工作和生活、获取社会福利提供便利高效的新途径。

白宫在发布的全球"大数据"白皮书——《大数据：把握

机遇，守护价值》（Big Data：Seize Opportunities，Preserving Values）中，提出了一系列制定政策、适用法律和革新技术方面的调查建议，试图在平衡大数据利用与公民个人信息保护价值之间的冲突中谋求新探索，在大数据时代背景下公平合理高效地释放大数据资源为经济社会发展带来的能量。①

2. 数据流通领域，数据经纪的商业模式

美国大量存在着数据经纪业务商。这些数据经纪商的资源并不是直接来源于终端用户，而是收集于政府信息、商业活动和其他公开资料。孤立的数据经纪商可能并不足以掌握丰富立体的数据图景，但通过数据的流通和共享，这些数据资源便丰满了起来。进而向市场提供丰富又有针对性的市场营销产品、风险控制产品等。同时也该看到，数据经纪商通过多种信息渠道广泛收集用户数据，导致绝大多数情况下终端用户对此并不知情。整个数据经纪产业链是由多层次的相互提供数据的经纪商所组成的。他们掌握的这些经过充分流通共享的数据资源，其信息量几乎覆盖了每一个美国公民。数据经纪商依托数据跟踪手段来记录用户在线行为轨迹，从数据模型中推理用户偏好，根据用户偏好结合其他信息对用户进行分类。然后将线上数据与市场供求数据相结合。市场和用户都能从数据经纪商的数据产品中真正获益。

数据经纪商只在一定程度上向用户提供有限的针对其个人数据的选择权，普通用户通常情况下并不知道如何行使选择权，

① 沈逸："后斯诺登时代的全球网络空间治理"，载《世界经济与政治》2014年第5期。

也难以真正实现所谓的选择权。如果用户因数据经纪商的错误而产生了数据的偏差或缺失，用户往往是在不知情的状态下使自己的利益受损，更谈不上维权和索赔了。

美国普遍存在的针对大数据企业开展数据交易进行一定的限制的争论，这主要也是基于对用户隐私及安全风险的担忧。探求如何使企业的数据交易活动能够实现透明化便成了美国规制市场的有效途径。例如，美国联邦贸易委员会（FTC）2014年针对数据经纪行业发布的报告——《数据经纪行业，呼唤透明与问责》，就提出了数据交易缺乏透明性的问题。文中 FTC 呼吁国会通过立法让数据经纪行业的交易活动提高针对用户的透明度，例如，向用户明示其获得数据的渠道来源、数据的类型结构，并为用户提供退出数据库的有效途径等。除了原始数据外，数据经纪商还应当披露他们基于原始数据、利用大数据技术加工处理而对用户特征脸谱化的处理活动。对于涉及用户敏感信息的，更要注重使用户充分知情并明确同意。

综上，不管是欧盟采用的统一立法模式还是美国采用的分散管理形态，都体现了如下基本宗旨：即保障基本人权、维护数据利益公平分配、维护数据资源流通的基本秩序。至于立法和管理模式的不同，更多的是源于不同国家间不同的历史背景和立法传统。不同类型的数据资源管理活动在处理方式上的差异是始终存在的，大数据背景下各种全新的数据应用业态也会层出不穷。不管是统一立法对于数据管理所抽象出的普遍性规律，还是分散立法对于多样数据设定的多层次特点，都是为完善数据资源管理立法体系的重要构建，这才是借鉴域外立法经验的最佳途径。

| 第六章 |

## 数据交易中存在的法律问题梳理

### 第一节　数据交易制度层面的问题

#### 一、个人数据所有权归属问题

经济科学关注生产资料所有制，即生产资料归属，法律科学则主要研究所有权制度，即财产权归属。所有权的界定是现代社会运行的基础。为确保数据交易正常进行，数据所有权归属的确定是前提，是数据交易必须首先予以解决的问题。数据所有权归属的确定决定了数据价值分配以及数据质量、数据责任划分。

数据所有权归属的难点在于个人数据所有权主体的确定。这主要是因为学者对于个人数据的法律属性存在不同认识。有学者认为个人数据与个人之间具有紧密的联系，是以个人为基础产生的，不可能独立于个人而存在。因此，个人数据所有权的主体应确定为数据个人。对于这一观点,有学者提出了不同观点,认为个人数据同其他数据之间并没有本质的区别,其本质上都是一种"数据",不同的是数据内容存在差异,且承认个人数据的财产属性将有利于保护个人数据安全和实现个人数据的价值。还有学者认为,将个人数据单独定性为人身权或者财产权,都难以实现对个人数据属性的准确认定,他们认为个人数据同知识产权相类似,具有人身权和财产权双重属性。

承认个人数据的财产属性是个人数据所有权确定的前提。但对于个人数据是否只属于个人所有存在不同争议。有学者主张,应强调个人对数据享有优先财产权,企业使用数据应经过个人同意。持这种观点的学者主要是从保护个人信息安全的角度出发,认为数据产品的交易易于对个人隐私造成极大的伤害。如果个人对数据不享有财产权,可能导致数据大范围的失控,数据交易就成为孕育违法活动的温室。例如,近期引起社会广泛关注的大学生遭遇诈骗事件,特别是山东女大学生因遭遇诈骗自杀事件,其原因无不是违法分子将个人信息泄露给诈骗者。另一种观点则从数据产业发展的角度出发,主张数据控制者对数据享有完全的所有权。持有这些观点的主要是产业界的代表。例如,阿里巴巴公司于 2015 年发布的倡议书中,明确提出了所有权属于"客户"。还有学者提出了数据所有权的确定可以借鉴著作权中的双重所有权制度,例如,汇编者对汇编的著作也享有知识产权,但须经原著作权人同意。数据产权原始所有权人是个人,但数据控制者应对数据进行了加工因此也享有一定的所有权。

学者的争议在一定程度上反映了数据交易中个人数据权属

确定的困境，亟需法律予以明确。然而，对于数据所有权归属的法律规范处于一种空白状态，未有任何法律对其进行界定。数据所有权归属法律的缺失，不仅容易引起权利纠纷，而且还容易对个人隐私造成侵犯，严重制约大数据产业的发展。

### 二、数据交易主体责任问题

责任的划分和承担是交易顺利完成的保障。对于交易主体而言，责任就相当于制裁措施或者惩戒手段。责任的承担是义务的违反或者未履行为前提，责任是义务未履行所导致的后果。因此，欲明确数据交易主体的责任，首先应明确各主体在交易中应承担的义务。数据交易涉及数据权利人的数据产品的初端卖家、大数据交易中介和数据产品末端三家两方主体。在数据交易过程中，各主体除须遵守协议约定外，还应附有其他义务。然而，对数据主体应承担何种义务，在现行的法律规范中很难找到直接依据。例如，对作为交易标的的数据是否需进行清洗、清洗到何种程度、清洗标准以及数据交易标的涉及他人信息尤其是敏感信息时，数据交易主体（主要是数据交易初端卖家）是否应就交易可能对其产生的影响、交易数据的扩散范围向其进行解释说明，法律都未作出规定。数据交易主体义务规范的模糊性，使得在对数据交易主体责任认定中存在较大困难。因此，如果数据交易主体不负有特定义务，就不会存在义务违反的情形，对其行为进行归责就成为无本之木、无源之水。

其次，数据交易主体之间责任的划分，我国对于此问题既无专门的法律作出规定，也难以在其他法律中找到依据。例如，数据交易主体是否可以将获得的数据进行扩散，数据扩散范围多大以及数据更新的频率等法律上都未作出规定，似乎完全交由交易主体之间自由决定。然而，数据产品的标的同一般交易标的存在区别，数据交易标的中包括他人信息，完全交由交易主体之间意思自治，这样可能会损害他人权利，尤其是在交易标的中存在他人敏感信息的情况下。由此可见，如果数据交易中主体责任完全由当事人约定，将会造成极大的危害后果。

最后，数据交易的外部责任的承担法律规范也不健全。数据交易主体外部责任，是指数据交易主体因交易行为侵犯第三人权利而应承担的责任。例如，如果数据交易平台需履行数据清洗义务以及对涉及敏感信息特殊化处理的义务，而大数据交易平台却未履行该义务，导致他人敏感信息的泄露时，其就应该承担相应责任。虽然对于数据交易主体因自己原因导致对他人权利造成侵害，其应承担民事责任争议不大。然而，对于其应承担何种民事责任，在对外责任上，数据的交易主体的责任是单独责任还是共同责任，权利主体可以采用何种方式进行救济等问题，法律却语焉不详。除了民事责任规定不明确外，数据交易主体是否应对因自己泄露信息行为造成他人权利被侵害后果承担刑事责任，在现行刑法规范中也难以找到直接依据，法律并未将出售个人信息的行为入刑。刑罚作为最为严厉的法律制裁措施，对社会主体具有强大的威慑力。数据交易主体刑罚规范的缺失，使得对于数据交易主体行为所导致的后果的惩罚力度略显不足，数据交易主体的违法成本较低。因为刑罚制裁手段的缺失，数据交易主体只可能对自己的行为承担民事上的补偿责任，不会因此被剥夺人身自由。

数据交易主体责任法律规范的不健全或者空白，不仅导致数据交易主体之间责任划分存在问题，严重影响了数据交易主体之间的利益，而且还可能造成对交易主体外第三人权利的侵害以及司法实践中对数据交易主体的责任认定的困难和不统一。

### 三、敏感数据清洗问题

敏感数据与个人隐私之间的关系，存在两种不同观点：一种观点认为个人敏感信息就是个人隐私；另一种观点认为，个人敏感信息是对个人存在特殊风险，需要特殊保护的信息。

个人隐私既然属于个人不愿公开之信息，那么不仅在数据的采集过程中需要取得权利人的同意，而且在数据进行交易时也应对涉及个人隐私的数据做出处理。个人隐私数据的处理就是对涉及个人隐私的数据进行清洗，类似于征信中敏感信息的脱敏。对个人隐私信息的清洗，以个人隐私范围明确为前提。因为只有知晓哪些数据属于个人隐私，数据交易主体才能准确地对该数据进行特殊化处理。然而遗憾的是，虽然我国承认隐私的权利属性，但到目前为止，却未制定专门的"隐私法"对个人隐私予以保护。一方面对隐私的内涵难以把握，另一方面导致隐私的法律保护范围未有统一的标准。法律在个人隐私保护范围上的漏洞，使得对于某些数据是否属于隐私存在认定上的困难，进而导致数据交易主体在进行数据处理过程中数据清洗范围不统一，这主要是因为对隐私的理解存在差异。例如，A交易主体将个人学历信息认为属于法律保护的个人隐私范围并对该数据进行清洗，但B交易主体却认为个人学历信息不属于法律保护的个人隐私范围，因此对该数据不予清洗。由此可见，隐私保护立法的漏洞，是制约个人隐私数据清洗的因素之一。

除隐私保护层面的立法不健全外，个人隐私数据清洗规则的不健全也是目前影响个人隐私数据清洗效果的因素。因为，清洗规则除了涉及那些数据应进行清洗外，还包括清洗的主体、标准、程度、方式等。例如，敏感数据清洗的程度是否可以还原或者修复，敏感数据清洗主体是交易的卖家还是数据交易中介抑或是数据交易主体都负有数据清洗义务等。对于这些问题，现行法律都未作出明确规定，这就可能导致数据交易主体数据清洗不明确和对数据清洗标准存在差异。例如 A 交易主体对敏感信息采用的是 a 标准，直接将敏感数据删除，而 B 交易主体则采用 b 标准，只是将敏感信息涂黑。由此可见，敏感数据清洗规则的缺位必然导致数据交易过程中对敏感数据清洗的紊乱，数据中涉及个人隐私的数据也容易被泄露，而法律却难以对其进行制裁。这也是导致现如今个人隐私数据被非法买卖的重要原因。试想，如果法律明确了具体的敏感数据清洗标准，对敏感数据进行了妥当的处理和保存，可以相信个人隐私被违法犯罪分子获取用于违法犯罪活动的事件数量将大幅度减少。

## 四、数据交易监管法律规范不健全

监管，从本质上而言是一种行政行为，是以行政权的行使对负有特定义务的主体是否履行了法律规定的义务或职责进行监督并依法对违法行为进行制裁的行为。监管是现代法治社会中不可或缺的一环，完善的法律监管机制是社会运行的基石。比如，食品监管部门通过对生产危害人体生命健康食物的主体予以制裁可以有效地打击食品的违法行为，保护人民群众生命健康权。最典型的例子就是对三鹿奶粉的查处，这一举措使得问题奶粉退出市场，万千儿童免受有毒奶粉的危害。监管的重要性由此可见。

由于监管本质上是一种行政权，行政权行使的基本原则是合法性原则，进一步而言就是行政权的行使必须以法律明确授权为前提。与民事主体权利所遵循的"法无禁止即可为"的原则不同，行政权的行使秉持的基本理念是"法无授权不可为"。这意味着，如果国家权力想要对数据交易产业进行监管，必须取得法律上的授权。然而，大数据是新生产物，大数据方面整体立法严重滞后于大数据产业的发展，导致数据监管层面的立法不能适应大数据发展的需要。具体表现在以下几个方面：

首先，大数据监管层面的法律层级较低。我国对数据交易立法散见于各个地方性法规或者政府规章以及行业规则和数据交易平台的准则，大数据的监管更多的是一种自律性规则，监管的力度和效果大打折扣。

其次，大数据监管主体不明。监管主体是指负有监管职责的国家机关。为了保证监管的有效性，一般而言针对不同的行业或者经济领域，国家都会设立专门的监管部门。例如，产品质量，由质量管理局监管，食品安全则由食品监督局监管。然而，对于大数据产业的监管，法律却未予以明确。这就可能导致不同的地区监管主体存在较大差异。比如，A 地区可能将数据交易的监管纳入工商管理局，B 地区则可能设置数据交易监管部门进行监管。

再次，数据交易监管主体的检查制度不明。检查制度是监管主体采用何种方式进行监管的一种制度。《产品质量法》确立了以抽样检查为主要检查方式的检查制度。但对于数据交易的检查制度法律尚未明确。

最后，数据交易监管的制裁措施不明。制裁措施是数据交易主体权力的重要组成部分，也是制裁数据交易违法行为最为有效的手段。如果数据交易监管主体对违法行为不享有制裁的权力，就相当于手中没有武器的武士。例如，如果食品监管部门对违反《食品安全法》的主体不能予以制裁，违法分子将很有可能对食品监管部门的执法行为不予理会。数据交易监管主体制裁措施的不明确，依照法无规定不可为的基本原则，监管主体将难以对数据交易主体的违法行为进行有效的惩戒，从而难以对数据交易主体的违法行为进行有效打击。

## 第二节　数据交易实践层面存在的问题

### 一、数据交易市场机制问题

（一）面向个人交易市场不充分

与传统的商业交易主要针对个人不同，数据个人消费者是数据交易最易忽略的主体，这主要是由于个人获取数据的投入与企业或者政府的投入不成正比。个人消费者往往可以以很低的成本获取所需要的数据。例如，个人可以通过在网上查询的方式获得需要的数据，其价值可能仅仅是几元钱或者完成一定的任务就可获得。数据的收集、整理、甄别和分析却是一项繁琐的工程，虽然现在可以利用计算机软件进行数据分析，但仍需要消耗一定的人力物力成本，才能完成大数据的分析，才能发现大数据潜在的价值。虽然数据个人交易存在一定的弊端，但不可否认的是，个人消费者是数据交易最庞大的消费群体，对个人消费者数据的深度挖掘，对于深化大数据的应用领域、拓宽大数据应用的广度，都具有重要意义。

目前，我国大数据企业主要是向个人消费者提供搜索引擎、数据查询等服务，其盈利的主要方式是网页界面的广告推广。这种方式不仅客户体验程度低，而且大数据企业利润也较低。在国外，大数据企业通过对大数据的深度挖掘，满足不同消费者数据需求，同时，消费者会主动付费获取相关数据。例如，美国孟山都公司建立农业综合平台，通过对土地的情况进行大数据分析，为农民如何提高作物产量和质量提供咨询服务、发布农作物市场价格信息、天气预报信息等。孟山都公司就是以充分挖掘农民与农作物生长、价格等信息取得了成功。国外大数据企业的做法，为我国大数据企业发展提供了可供借鉴的经验。未来我国数据交易应改变大数据个人消费市场不足的局面，将个人消费市场作为大数据发展的重点领域。①

（二）市场交易模式不健全

现如今，数据交易主要分为直接交易和大数据平台交易两种类型。数据直接交易是交易主体之间买卖数据。大数据交易平台是一种中间商交易，数据交易平台作为数据交易主体的中间商。不论是数据直接交易还是大数据交易平台，都属于大数据一级市场交易，目前数据交易不存在二级市场交易。对于普通商品而言，存在市场进入的第一手交易和再流通交易，但对

---

① 刘杨钺：“全球网络治理机制：演变、冲突与前景”，载《国际论坛》2012年第1期。

于特殊商品，尤其是权利性产品，如国有土地使用权、证券等都存在一级市场和二级市场。例如，证券的一级市场是筹措资金的公司或者政府机构将证券将新发行的股票或债券等证券销售给最初购买者的证券市场。证券的二级市场，也称之为次级市场，是指在对发行的证券进行买卖、流转的市场。大数据交易二级市场的不健全，成为制约大数据发展的又一因素。

## 二、数据交易垄断问题

大数据产业的发展越来越具有垄断的趋势，主要掌握在政府、若干行业央企和互联网企业巨头手中。特别是国内巨头互联网企业，凭借其固有的互联网优势，掌握了大量数据。然而多数数据源企业拒绝资源向外提供，多个规模和性质各异的数据封闭生态形成阻碍大数据产业的发展。国家工商总局曾表示，有个别互联网巨头不愿意配合监管分享数据。数据垄断主要原因在于利益，虽然数据交易会有一定的收益，但是对于大多数大型企业而言，"撬动自身数据资源支撑业务的优先级必然会高过通过数据交易获得收益"。

数据大量积累，出现数据垄断，其带来的危害主要有：

第一，造成数据资源浪费，阻碍数据创新。数据垄断，有大量数据的主体不愿意提供数据，占有社会较大资源，却较少为社会提供产出。数据的价值需要挖掘，其社会价值、经济价值和科研价值等，需要专门的人才才能更好地利用。数据垄断造成数据接入失败，后续的利用更是无从谈起。另外，我国数据交易的标的还是以源数据为主，数据衍生产品创新不足，大数据技术更是对国外依赖现象严重，此时企业之间还不愿意分享数据、交易数据，数据不能流通，其价值得不到释放，对数据技术和数据产品的创新都是不利的。

第二，影响供求关系，促使数据非法交易猖獗。数据垄断，造成出售的数据标准不一，数据种类不足，价格颇高等。而另一个"数据市场"的场外交易市场规模逐渐增大，数据价格便宜，由于缺乏监管，其数据来源多是以非法方式获得，消费者对此类数据的需求又成为非法交易的动力。

第三，阻碍数据产业和其他产业的发展。数据产业发展的基础是数据的开放和共享，美国数据产业链的成功离不开其在政府带动下，数据开放的成功。大数据正在成为重要的生产要素，可与物质资产与人力资本相提并论，其带来了传统商业模式和产业运行模式的改变，同时中国经济的升级换代也因其迎来了机遇与挑战。在未来，国家层面的竞争力将突出表现为国家拥有数据规模及运用数据的能力。数据垄断不仅仅会对数据产业造成影响，还会对我国整个经济产业发展带来影响。

### 三、非法数据交易问题

非法数据交易也称之为地下数据交易或者"黑市交易"，是指以非法的方式、通过非法的途径获取的数据或者将非法获取的数据进行加工后进行交易。非法数据交易因交易模式的不同而表现不同。在个人与个人、个人与企业之间直接进行交易，非法数据交易主要是数据来源的非法性。如果是通过大数据交易平台进行交易则主要表现为交易场所或者交易流程不符合法律规定。

目前，数据来源非法性是我国数据交易中的突出问题，主要表现为对个人信息被非法出售用于各种活动。例如，将未经个人同意涉及个人隐私的信息数据出售给企业，用于企业进行产品推销或者未对数据需求方进行审查，直接将个人数据卖给违法犯罪分子，对个人实施诈骗。非法数据交易反映的是数据安全问题，进一步而言则是隐私保护以及商业秘密保护问题。非法数据交易不仅会对正常数据交易活动形成冲击，扰乱正常的数据交易市场秩序，而且还严重侵犯了个人以及企业的合法权益。因此，应加大对非法数据交易的监管，依法严厉打击非法买卖个人或者企业信息数据的行为。

| 第七章 |

# 国内外数据监管制度梳理

## 第一节  国内政府数据监管制度梳理

### 一、国内数据监管规制现状

当前，我国各地数据管理建设"百花齐放"，根据自身发展特点，在重点领域都取得了不小突破。未来，我国将进入数据监管建设的全速发展阶段。当前，我国数据的法律保护体系相对单薄，以行政法规、部门规章、地方政府规章其规范性文件为主，辅以技术标准和散见于其他法律中的相关条文。因此，可以将公共数据的法律保护划分为三个层面，即国家立法层面、地方立法层面和技术标准层面。在各个层面依据不同的规范对象，可再进行细致的归类。

（一）国家立法层面

我国信息安全散见于其他法律条文之中，没有专门的立法。

从 1994 年 2 月国务院发布《计算机信息系统安全保护条例》，到 2016 年 11 月《国家网络安全法》正式发布，我国信息安全法律保护进行了漫长而又全面的发展历程。从计算机时代、互联时代，到当前的数据时代，我国一直重视信息安全的法律体系建设。在法律方面，《刑法》第 285 条非法侵入计算机信息系统罪和第 286 条破坏计算机信息系统罪，从计算机系统的角度对侵害信息安全的行为进行规范。《刑法修正案（七）》对第 285 条和第 253 条文进行修改，在第 285 条增加非法获取计算机信息系统以外的其他信息系统的数据的情形，以及第 253 条侵犯公民个人信息罪中增加国家机关工作人员的范围主体情形。《刑法修正案（九）》第 285 条非法侵入计算机信息系统罪中将犯罪主体的范围扩大到单位。在保护国家秘密方面，《刑法》第 282 条非法获取国家秘密罪、第 283 条窃听窃照专用器材罪和第 398 条故意、过失泄漏国家秘密罪等，都对国家秘密加以保护。2015 年，我国出台《国家安全法》规定建设网络与信息安全保障体系，加强对国家信息的保护。2016 年 11 月，我国出台《网络安全法》。《网络安全法》针对《国家安全法》中纲领性的规定予以细化，并扩大保护范围，将社会利益和个人利益纳入其中。除此之外，我国对于信息安全的法律保护还散见于《宪法》《保守国家秘密法》《关于维护互联网安全的决定》等多部法律、行政法规和部门规章中。

目前，我国数据管理的相关法律仍停留在行政法规与规章阶段，未形成专门的公共数据法。与公共数据保护相关的法律分散于计算机法、互联网法及信息法方面，其中较为重要的法律法规包括《行政许可法》《电子签名法》《政府信息公开条例》以及最新出台的《网络安全法》。《行政许可法》第 29 条规定，行政许可申请可以通过电子数据交换的方式提出；第 33 条规定行政机关应当推行电子政务，提高办事效率。由此，间接认可了公共数据的法律地位。《电子签名法》认可电子签名的法律效力，第 35 条原则性规定也为公共数据的发展提供法律基础。《网络安全法》第二节对关键信息基础设施的运行提出要求，间接为数据管理的平稳运行提供保障。《政府信息公开条例》是当前政务公开领域效力最高的行政法规，其对依法获取政府信息，提高政府工作透明度，加强公众监督起到积极作用，为规范公共数据提供法律基础。

我国出台一系列政策，以加强数据管理等方面的规范。近年来，我国加快推动云计算应用实践，在政务、医疗、教育、能源等多领域取得突破性的进展。随着一系列配套政策的出台，以公共数据为主要内容的电子政务云建设凭借其独特的优势，成为提升国家治理能力，向现代化政府转型的首要选择。2010年，工信部与发改委开展云计算服务创新试点工作，确定 5 个城市优先开展云服务创新，并遴选出 15 个示范工程项目。2013年，工信部发布《基于云计算的电子政务公共平台顶层设计指南》，引导公共数据全面协同发展，并确定部分省、市、区、县作为首批公共数据建设应用试点地区。2015 年 1 月，国务院发布《关于促进云计算创新发展培育信息产业新业态的意见》，该意见要求降低 5% 的政府自建数据中心，积极推动云计算在多领域的应用，力争在短期内形成基本格局，2020 年达到国际先进水平。2016 年，国务院办公厅印发《国家信息化发展战略纲要》，进一步提出以网络强国为目标，大力推动公共数据的发展。在政府采购云服务方面，我国出台了公共数据采购指南等一系列文件。2011 年，财政部发布《2011 年政府采购工作要点》，提出积极探索云计算的政府采购工作。2012 年，《政府采购品名录（试行）》在"信息技术项目"项下新增"CO207 运营服务"类别，并细化为"CO20701 软件运营服务""CO20702 平台运营服务"和"CO20703 基础设施运营服务"等项，分别对应 Saas、Paas 和 Iaas 等云服务。2015 年，我国出台电子政务采购指南，结合真实采购案例，从服务目录、计费模式以及服务质量评价方法等三个方面搭建公共数据评估体系，填补政府采购过程中云服务的标准空白，为政府采购公共数据提供科学指导。政府采购云服务主要涉及 2002 年《政府采购法》和 2014 年《政府采购法实施条例》以及 1999 年《招标投标法》和 2012 年《招标投标法实施条例》。政府采购法及其实施条例为政府采购云服务提供法律依据，招标投标法为采购云服务提供合法方式，但是由于公共数据的特殊性，相关法律法规并不能做到合理规范，法律空白问题较严重。

（二）地方立法层面

我国数据管理机构由各级政府独立组织筹建，各级部分根据其自身发展情况，统筹规划，建设发展。因此，各级政府通过出台规章及相关文件的方式，对数据的建设、管理、数据开放等多个方面进行详细规范。

在电子政务数据方面，多个省市推进电子政务并出台专项规划及相关文件。北京于 2010 年出台北京市应电子政务的整体规范方案，2016 年发布发展行动计划，为公共数据的应用统筹规划。上海市、深圳市、杭州市也先后出台电子政务的建设规划和设计方案，以更好地推进本地区电子政务全面协同发展。为了加快电子政务的建设工作，中国（上海）自贸区积极部署全面推进。目前已经建成"一二三四"电子政务建设机制，即一个顶层设计《浦东新区智慧城市及信息化十三五规划》、两个意见《浦东新区关于加强信息化建设的若干意见》和《浦东新区进一步加强社会信用体系建设的若干意见》以及三个管理办法、四个标准规则。除此以外，福建省、无锡市、天津市等尽管没有制定统一的电子政务发展专项规划，但对云计算基础设施建设和资金投资出台了一系列政策文件，以推动公共数据在本地区的良好发展。

在建设的同时，各级政府重视数据的平稳运行，相应出台多项规定以规范数据的管理工作。2015 年，浙江省出台管理办法，对使用、运行维护、安全及监督考核等五个方面加以规范。北京市、上海市、青岛市等省市先后出台管理办法或资源共享规范，以保证数据的平稳运行，降低安全风险。除了出台管理规范，一些省市部门出台配套文件，构建公共数据管理体系。上海自贸区在顶层设计、统筹协调的基础上，提出了 3 个管理办法，包括资源共享管理、CIO 制度实施以及网络与信息安全管理等，并从目录体系编制规范、政务信息统一编码、电子印章应用和项目绩效评估等四个方面出台标准规则。深圳市随后也出台相关配套规定，以完善数据的管理体系。

数据开放的主要目的就在于资源交流、数据共享。各省市积极推进数据交换共享平台和数据开放，规范资源目录、信息编码及数据安全等问题，统筹协调资源共享。无锡市、深圳市、上海市均出台了数据共享管理办法。上海市数据共享管理办法对数据范围进行详细划分和明确，并且提出政府数据资源包括业务信息也包括涉密信息，同时将数据类型划分为普遍共享、按需共享以及不共享三类，并对这三类数据的划分规定不同的标准以及共享流程。例如，对于按需共享的数据需要向数据后台提出申请，并在 10 个工作日内予以回复。此外，对数据共享管理主体进行职权划分，明确监督机关以及实施主体。

（三）技术标准层面

除了国家和地方层面的立法，我国积极推进数据相关技术标准的编制，主要涉及云计算安全标准方面。2013 年，工信部开展国家标准的编制工作，如今已确立 29 项技术标准编制方向。目前，全国信息安全标准化技术委员会已经出台《云计算服务安全指南》和《云计算服务安全能力要求》两项重要标准。《云计算服务指南》从政府角度描述适用风险，规范政府适用云计算的基本流程和步骤，也对云计算服务的生命周期各阶段提出安全管理和技术要求。建议政府部门在风险评估的基础上根据具体业务系统和信息类型，部署和适用云计算。《云计算安全能力要求》规范了云服务商在为政府部门提供服务时应当具备的信息安全能力。标准分为一般性要求和特殊要求两部分，并根据不同服务对象提出不同的技术要求。目前，云计算安全的国家标准《云计算安全参考框架》和《云计算服务安全能力评估方法》正在抓紧研制中。

当前，我国数据的法律保护体系由国家立法、地方立法和技术标准三部分构成。在国家立法层面，既没有对信息保护的专门法律，也没有规范电子政务的法律。在政府采购云服务方面，虽然有《政府采购法》等作为支撑，但是并不能完全涵盖公共数据的应用特殊性。同时，数据对于政府的平稳运行，以及国家秘密、政务信息的安全具有重要影响，立法的空白只能加剧事故的发生。在地方立法层面，各地立法呈现"百花齐放"的态势。各地依据自身需求和实际发展情况，对公共数据的建设、管理作出详细规定，以确保公共数据的健康有序发展。然而，相对于公共数据应用的复杂程度以及对其安全风险的防范要求，仅仅从地方层面分别加以规范是难以满足的。在技术标准层面，我国还处于云计算安全标准制定的起步阶段。相对于国际安全标准体系，我国技术标准还有较大进步空间。同时，公共数据的发展需要专门的安全技术标准，并可以在政府采购云服务以及建设管理等相关制度中赋予法律效力。

## 二、国内政府数据管理的不足

### （一）管理体制逐步完善，顶层统筹仍有不足

我国信息安全的主管单位主要包括中央网络安全和信息化领导小组、公安部、机要局、保密局、从参谋部、安全部、工信部等。中央网络安全和信息化领导小组是我国网络与信息安全的统筹领导和协调机构，公安部依据《计算机安全管理条例》对计算机系统分等级进行管理，机要局对商密、普密和机密产品进行管理，保密局对涉密信息系统进行管理等。这些主管单位分别负责我国信息安全相关的技术标准、技术法规的制定，以及相应信息安全资质的管理。

我国缺乏从国家安全的高度描述信息安全重要性的战略和政策，相关规定散见于各规章制度性文件中。我国行业自律组织较为欠缺，尚没有类似于美国"TRUSTe组织"的受到业内广

泛认可的行业自律组织和第三方认证机构，行业重视力度不够，指导文件可行性低。

总的来说，我国在信息安全保护战略政策方面尚存以下问题：一是缺乏国家级的信息安全保护战略，尚未从国家安全的高度论述信息安全的重要性；二是相关政策浅尝辄止，同一领域不同政策间的关联性较差，难以形成严谨的政策体系；三是现有政策较为笼统，难以深化和落地，难以为现有信息安全保护工作提供指导。

（二）立法工作稳步发展，法律法规尚存空白

法律是保障信息安全的最有力手段，一些先进国家早已形成了成熟的信息安全法律体系，对信息安全犯罪做到有法可依。我国的信息安全法律法规虽尚未形成完整体系，但也在稳步发展。

2012 年 12 月 28 日，全国人大常委会通过了《关于加强网络信息保护的决定》，为我国信息安全保障管理提供了重要的法律依据，2014 年 4 月 14 日，十二届全国人大常委会通过了全国人大常委会 2014 年立法工作计划，将制定《网络安全法》，出台相关司法解释，进一步加强网络安全工作。2014 年 10 月 9 日，最高人民法院公布了《最高人民法院关于审理利用信息网络侵害人身权益民事纠纷案件适用法律若干问题的规定》。由此可以看到，我国信息安全法律法规在近几年发展迅速，针对国家和个人信息安全都有相应的法律法规出台，而特别是 2017 年 6 月正式实施的《网络安全法》将成为我国网络安全的重要保障。

我国现有数据保护相关法律相互之间的关系不明，对于是

否出台数据安全保护的单行法律缺乏统筹安排，导致相关法律法规针对性不强、约束力不够。无论是国家信息安全政策制度、计算机和网络安全法律法规，还是信息安全行业标准法律法规，都存在立法空白。对于数据保护权利和义务的划分不明，追责措施不到位。云计算、大数据、跨境数据流动、应用商店等特定环境下的数据保护立法缺位，亟待健全。

（三）数据跨境流动加速，数据主权风险增加

大数据时代，数据跨境流动加速。应对跨境数据流动问题，欧盟、巴西、澳大利亚等将数据开放的态度转向数据保护，着眼于数据跨境流动，对本国数据与其他国家的分享、政府数据的境外存储风险管理进行了明确规定。我国目前尚未制定应对跨境数据流动问题的制度。

同时，我国的互联网企业被外国资本控制。以我国前三位的互联网企业 BAT（百度、阿里巴巴、腾讯）为例，据公开资料显示，BAT 三大巨头注册地均在开曼群岛，BAT 的大股东都是外国资本。阿里巴巴前两大股东是持股 34.4% 的日本软银和持股 22.6% 的美国雅虎；腾讯的第一大股东是南非 MIH 集团，持股 33.93%；百度的第一大股东是英国的 Baillie Gifford，持股 7.1%。据统计，我国前 100 强网络公司里，有 78 家被外资控股。外国资本控股我国互联网企业等于直接掌握了我国重要的数据资源。以阿里巴巴为例，外国股东掌握淘宝上海量的互联网订购和发货大数据，几乎拥有所有商家、厂家和购买人的详细经济信息及重要金融端口，包括客户姓名、住址、身份证号、银行卡、水电费编码、购买和销售信息，知晓我国主要商品的

产销和国民经济情况。①

## 第二节　国外数据监管制度

我国的互联网技术比起发达国家来说相对落后，然而我国的互联网用户又在短期内迅速增长，可以说互联网对于我国的影响力的迅速增长比任何一个国家都要大。在政府内部信息安全管理方面，我国的经验不足，还存在诸多问题。对于大数据的应对和运用，更是涉及太少。因此，我们有必要认真学习其他国家在政府内部信息安全管理方面的先进做法和管理经验，加以分析和借鉴，找出适合我国政府的管理方法。

### 一、美国数据主权保护立法发展演变

（一）从"萌芽"到"成熟"阶段的演变

20世纪40年代，美国对数据保护开始产生一定意识，在1947年的《国家安全法》中，对"情报"进行了法律保护规定，当时的"情报"已有"信息"的成分。到了20世纪60年代，美国开始对信息安全进行立法，1967年，美国颁布《信息自由法》（Freedom of Information Act），这是美国对信息主权进行立法的开端。在该法的规定中，虽然大都以对信息公开、信息自由进行规定，但仍以列举的方式对九类信息进行了不得公开的例外规定，以对信息主权进行保护：①（A）为了国防或

---

① 鲁传颖："试析当前网络空间全球治理困境"，载《现代国际关系》2013年第11期。

外交政策的利益，依据总统颁发的行政命令规定的标准，特别授权保密的文件；（B）依据这样的行政命令实际上已经划定为保密的文件；②纯属机关内部人事规则和制度；③法律（不包括本法案 552b 在内）明文规定豁免公开的文件，但该项法律必须：（A）规定文件对公众保密的方式如此严格，以致机关没有自由裁量权力；（B）对应予保密的文件规定特定的标准，或列举应予保密的文件的特定的种类；④商业秘密和从个人处所得到的应保密的商业或金融信息；⑤机关以外的当事人和机关进行诉讼时，在法律上不能利用的机关内部或机关之间的备忘录或函件；⑥公开后，会明显侵犯个人隐私权的人事、医疗档案及类似档案；⑦对于为执法目的而建的文件或信息，只在下述情况之下才可以不公开这类执法的记录或信息：（A）可以合理地预期会干扰执法程序；（B）会剥夺一个人的公正的审判或公平的裁决；（C）可以合理地预期会构成不正当地侵犯个人的隐私权；（D）可以合理地预期会暴露秘密的信息来源，包括州、地方政府、外国的机构或机关，或任何私人组织在秘密的基础上提供信息的情况在内；以及在刑事侦查中，刑事执法机关根据秘密来源编制的记录或信息，或者合法地执行国家安全情报调查的机构由秘密来源所提供的信息；（E）可能泄漏执法的调查或追诉技术和程序，或者在这项公开可以合理地预期会发生逃避法律情况时，泄漏执法的调查或追诉的行动纲领；（F）可以合理地预期会危害任何个人的生命或人身安全的文件或信息；⑧负责管理或监督金融机构的机关所编制的或使用的检查、业务或情况的报告；⑨关于油井的地质和地球物理的信息和资料，包括地图在内。此后，经过将近 20 年的发展，在 1987 年，美国出台有关计算机安全的法律《计算机安全法》，这部法律对数据主权进行了更为详尽的保护，而这部法律也标志着美国数据主权安全立法政策的稳定。该法的目的是为了改善联邦政府计算机系统内敏感信息的安全与保密；以法律形式规定国家标准与技术局是为联邦政府计算机系统制定信息安全政策和标准的授权单位；凡是存有敏感信息的政府计算机系统，必须制定安全计划；凡参与上述系统的管理、使用或操作的人员必须定期接受强制的培训；在商务部内建立一个国家计算机系统安全与保密咨询委员会，并明确其职责内容。该法规定，联邦政府各机构须确认存有敏感信息的信息系统，并制定保护这些信息的信息安全计划。2001 年，美国发生了举世震惊的"9·11"事件，美国更加重视国家信息主权安全的问题，颁布了许多信息安全保护的战略性文件和法律，先后有：《爱国者法》《信息网络安全研究与发展法》《联邦信息安全管理法案》《网络安全国家战略》《确保信息安全的国家战略》等，后又通过国际合作的方式签署了《计算机犯罪公约》《全球信息社会冲绳宪章》等国际性文件。①

（二）奥巴马政府的数据霸权立法与战略

奥巴马政府对数据主权安全问题特别重视，于 2008 年刚上台没多久就出台了《网络空间政策评估》，开始关注顶层的网络空间建设体系问题，从顶层进行数据信息维护和建设指导，实行对信息主权的保护。该评估报告中明确指出：立即启动全国

---

① Neil Robinson et al. : "Cyber – security threat characterisation A rapid comparative analysis", *Center for Asymmetric Threat Studies（CATS）*, RAND 2013.

网络安全大会；孤军奋战不可能保护网络空间安全；美国需要制定一个网络安全战略等。2011 年，美国先颁布了《网络空间国际战略》和《国防部网络空间行动战略》，对网络空间的数据信息安全和信息基础设施安全的保护问题提出最佳的方案和措施；后在 12 月又通过了美国国家科学技术委员会研发出《可信网络空间：联邦网空安全研发战略规划》。该规划的出台进一步明确了信息技术的发展方向，在理论上对信息安全技术的研发给予了支撑，使美国在国际的信息安全竞争中立于不败之地。2012 年 4 月，美国众议院接连通过了《网络情报共享与保护法令》《联邦信息安全修正法令》《2012 年网络安全加强法》《促进美国网络信息技术研究与开发法案》四部对信息安全保护的法律性文件，足以看出奥巴马政府对大数据时代信息的压力和重视。时任美国总统的奥巴马在 2013 年 2 月 12 日正式签署了网络安全行政令，从对信息基础设施的重视程度可以看美国政府对信息进行管理和控制的欲望，也看出美国对本国信息安全的重视，企图通过与信息基础设施的 "IOE" 加强合作和信息共享，构建更能维护信息主权安全的实践框架。

2014 年 2 月召开了 RSA 美国信息安全大会，从主题演讲嘉宾的发言中，不难看出美国信息主权安全发展动向。美国 EMC 公司执行副总裁兼 EMC 信息安全事业部 RSA 执行主席亚瑟·科维洛在发表开幕主题演讲过程中呼吁国家间要加强信息安全保护的合作，防止网络监控、网络战争等的发生；奥巴马情报和通信技术顾问小组成员、Good Harbor 董事长兼 CEO Richard Clarke 在演讲中对 NSA 监视大众的问题进行了解释并发表了自己的意见，称这是为了铲除贩毒集团、防止各类恐怖主义威胁情报的扩散和搜集大规模杀伤性武器，要民众对 NSA 重新建立起信任；美国思科安全业务集团高级副总裁 Christopher Young 发言中透露致力于集成 Sourcefire 来探求新的更优的信息安全保护方法。通过这些主题演讲不难看出美国的动机，即美国政府不会放弃对民众信息进行监控的企图，依旧通过言论跟各国就信息安全问题使用太极战术，更不会放松对本国信息主权安全的保护，并且积极发展信息技术，使美国一直保持在信息强国的前列。

从美国的国家信息主权立法发展演变可以看出：首先，在立法上以信息威胁为盾牌，对于属于信息主权的领域和范畴进行不断地调整，并且进行细化和扩充，保护的方面越来越全面；其次，通过战略性文件对信息主权安全保护力量的机构以及职能不断地进行完善，使整个信息安全系统的结构框架更加紧密坚固；再次，美国对于信息合作和共享问题尤其注重，强调信息共享概念和国际合作，也在强调与本国相关企业的合作的问题，保护本国信息安全利益的同时，一丝也不会放弃对网民信息进行监控；最后，美国企图通过在信息安全领域谋求国际合作建立更好的信息安全保护机制，美化其国际形象，却难掩其成为信息霸权的企图。

## 二、欧盟国家数据主权保护立法发展演变

欧盟作为世界上龙头性质的国际组织和经济实体，面对信息化越来越强的局面，自然也不会放松对数据主权的立法。"9·11"事件给信息安全问题带来了世界性的冲击，经历该事件之后的欧盟国家对信息安全问题倍加重视。任何事物进行

立法都要经历起步和发展的过程，不可能一蹴而就，欧盟信息安全法律制度的框架结构的形成和完善也要经历十几年的过程。

（一）20世纪90年代数据主权立法初现

《欧盟信息安全法律框架决议》是欧盟对信息进行立法的开端，此决议形成于1992年，意在对一般民众、工商业界以及行政管理部门的电子信息存储进行安全保护，尽可能地保护广大公众的利益。同时通过建立信息安全委员会的方式保证信息安全框架的建设和信息保护方案的施行。欧盟理事会在1995年1月17日发布《合法拦截有关通话通讯的决议》，意在平衡当时正在高速发展的网络环境，并指出了国家的权力与民众的信息权利的协调问题，开始出现国家对信息行使主权的规范性条款。欧盟此后又于1999年颁发了《有关打击全球网络非法内容和有害信息的计划》，并打算长久实施。该决定不仅对网络使用安全问题进行了规制，还为欧盟在防止种族主义及歧视等不良非法信息上的互联网管制权提供了法律支持，以此降低发生种族分裂的可能性，是明确地维护欧盟国家信息主权的法律性文件。此后，欧盟委员会又于同年的5月27日，起草了在《马斯特里赫特条约》（又称《欧盟条约》）第34款的基础上的共同宣言，并于2001年征集各国签署。

（二）21世纪"电子欧洲"数据主权立法的新纪元

进入21世纪以后，国际各国对数据安全问题愈发重视，欧盟也不甘落后，迎来了数据主权立法上的新纪元。20世纪末欧洲赢得了"电子欧洲"的称号，欧盟更是加紧信息主权立法的步伐。于是在 2002 年 4 月份，欧盟出台了《打击信息系统犯罪的框架决议的决议》，该框架决议规定应受到惩罚的犯罪包括三类：非法接触信息系统；非法进行系统干扰（即通过输入、传输、损害、删除、恶化、改变、抑制或者翻译描写不可接触的计算机数据等手段，故意严重阻扰或打断一个信息系统的功能）；非法进行数据干扰。所有的这些犯罪行为都必须是蓄意图谋的，此外，从事鼓动、帮助、教唆和试图实施上述任何犯罪行为的，也要负法律责任。成员国必须通过有效的、成比例的、劝诫的犯罪处罚来对上述犯罪行为的惩罚作出规定。如果这种犯罪是在欧盟定义的犯罪组织背景下实施，并导致了实质性的损害或影响了受害者的基本利益的，将被认为是恶性案件。如果这个犯罪所造成的损害较小，司法机关可以作出减轻处罚的决定。以此来保证信息系统的安全，对信息主权进行法律上的保护。欧盟理事会在 2003 年 2 月 18 日发布了《关于建立欧洲网络信息安全文化的决议》，目的不仅仅是通过强化信息技术来对信息安全进行保护，也开始注重公私的合作与交流，提高信息安全共享和保护的效率，加强全国人民的相关信息安全的保护理念。①此后，欧盟在 2004 年 3 月又发布了《关于建立欧洲网络和信息安全机构的规则》，此文件是欧盟信息安全保护机构建立的标志性文件。该文件对欧洲网络和信息安全机构的任务和组织机构进行了具体的规定，为欧盟国家信息主权的保护提供了法律上的支持和机构上的维护。在 2006 年 5 月到 2007 年 3 月

---

① ENISA，"An evaluation Framework for National Cyber Security Strategies"，*European Union Agency for Network and Information Security*，November 2014.

这不到一年的时间内，欧洲先提出《关于建立欧洲信息安全社会的战略》的建议，经过 10 个月的协商探讨后，正式出台了《关于建立欧洲信息安全社会战略的决议》，这是欧盟信息立法成熟的标志，也意味着欧盟已将信息主权安全问题推到了组织战略的制高点，要将信息主权安全的保护规制推向全社会。[①]

（三）欧盟数据主权立法所展现的特点

首先，欧盟国家的数据主权立法是在两个主体层面上进行的，一个是超国家主体，另一个是成员国主体，欧盟可制定适用于欧盟组织内部的信息安全法，各成员国又可在不违背欧盟各项规范的基础上制定适用本国网络信息安全并进行规制的法律文件；其次，欧盟的信息立法既有明确的具有法律强制性的规定的"硬法"，又存在不具有强制力可供参考选择的指导性的"软法"；再次，欧盟非常注重信息立法的位阶问题，很好地将一般性规定和特殊性规定进行了有机的结合，既有关于信息安全问题的原则规定，又进行了具体信息安全保护问题的详细立法；最后，也是最为重要的一点，欧盟非常重视相关立法的更新，充分做到了与时俱进。

## 三、国外数据主权的法律保障制度带给我国的启示

根据美国和欧盟国家为了保护信息主权安全所进行的法律制度构建，结合我国当下的信息主权立法现状，带给我国以下几点启示：

---

① ［比］尤利·德沃伊斯特：《欧洲一体化进程——欧盟的决策与对外关系》，门镜译，中国人民大学出版社 2007 年版。

（一）加强对信息安全文化的宣传

"互联网自由"的宣扬使全世界民众感受到了网络的自由与共享，却也淡化了公民对于个人信息安全的保护意识，美国和欧盟很早就意识到了这一点，加大了信息安全宣传的力度，早在 2003 年，"OECD"决议就被欧盟通过行动进行采纳，并成为构建信息安全制度战略的指导性方针。该决议企图通过各种途径和手段唤醒全民的信息安全意识，而不仅仅是通过国家和相关企业对信息安全进行保护。中国作为人口大国，并且农村人口众多，有着一定的特殊性，所以在信息安全方面存在着更多需要建设和完善的方面，信息安全文化建设更是重中之重，因此，让全民都意识到保护个人信息的重要性，需要借鉴国外的很多做法。

目前我国已经意识到信息安全保护的重要性，却没有出台相关的法律。2013 年的斯诺登事件，是一个警告，表明我国的信息安全保护方面存在很大的保护漏洞。钓鱼网络、流氓软件等已经屡见不鲜，大数据时代的公民个人信息被盗取或者丢失的概率大幅提升，一些在网上的报名注册信息，更是处处被盗或者被当作营利的手段进行变卖，大量的骚扰短信和诈骗电话侵蚀着公民的生活。以笔者为例，电话信息被盗后，一天就能接收到十几条甚至多则达到几十条的骚扰短信，严重影响了正常的生活和工作。2006 年 1 月 28 日的一篇新闻报道中称 Visa International 公布了一份有关个人信息丢失抑或失窃的消费者关注度调查，这个问题在当时已经具有了高居榜首的关注度，当时世界各国的平均水平有 64%，而这个数字在中国则为 77%。调查结果充分表明我国民众在信息安全保护方面缺乏安全感。

美国和欧盟国家在多部法律中都对个人信息的保护加以体现和规制，中国却缺少存在相关立法。

（二）制定信息主权安全保护的基本法以及相关的单行法律法规

目前我国并没有相关的类似于构建信息主权安全框架的决议或者是战略性的指导文件，而是以渗透的方式零星地存在于一些法律之中，因此需要制定对于构建信息主权框架具有指导性和原则性的基本文件。虽然我国也于 1994 年颁布了《计算机系统安全法》，2004 年制定了《中华人民共和国电子签名法》，但是立法层次还是不够高，也需要制定规定具体对信息主权问题进行规制和保护的单行法律法规。

（三）对信息安全进行多元化监管

大数据时代信息海量，规模巨大，监管的难度和力度都很大，我国信息安全的监管一直都是依靠政府的力量，但是这无疑会加重政府的负担。政府可以将部分监管权转移到企业，并对企业进行总的指导和管理，使政企在一定程度上分离，并通过立法和监管的方式加强企业的自律性。学习欧盟通过政府进行监管，实行企业和社会共同协同监管的模式，并通过明确的立法来规定由欧盟和各成员国进行指导，发挥领头作用，通过法律机制来鼓励和监督相关主体的自律性。美国和欧盟，从他们颁布相关法律文件的密度和速度就可以看出他们对国家信息安全的重视，"9·11"事件之后，美国投入了 600 万美元来加强信息基础设施的建设；在 2005 年的《网络与信息开发研究计划》中仅预算投资就达到 20 亿；在《计算机安全与发展法》中明确制定了"五年投资计划",明确规定国会在未来 5 年应从联邦资金中拨款九亿零三百万,用于计算机安全的研究与发展,此后更是斥巨资进行信息安全系统的建设和信息技术的研发。我国也要适当地加大对信息安全建设的投资,甚至可以效仿美国通过立法的方式来保证信息安全研究领域的财政投资来支持信息安全的多元化监管。

(四)保障信息主权与公民信息权利之间的平衡

国家对信息主权安全进行保护,必须对民众的信息进行监管,这就需要保持国家的信息主权与个人信息权利(隐私权、信息救济权)之间的平衡。美国"NSA"计划的披露,在该国引起了轩然大波,50% 以上的公民感到气愤和恼怒,呼吁政府要保留人民的隐私权,停止过分的监控行为。美国政府对其公民信息的监控超越了人民可忍耐的限度,于是在 2014 年信息安全大会主题演讲中,倡导美国人民对政府重拾信任。这是前车之鉴,也足以看出维持两者之间平衡的重要性。

(五)注重国家间的合作和交流

美国作为信息强国,虽然也在呼吁加强国际合作,却一直靠本国的国内法对信息主权安全进行保护和规制。但网络时代特别是进入大数据时代以来,信息全球化导致只靠一国的力量来对信息主权进行保护就变得非常薄弱,一国信息主权的实现,需要各国的协作和配合,因此,我国需要加快在国际合作方面的脚步。

# 第八章

## 数据监管的现状分析

大数据时代的到来，是科学技术发展到新时代的必然结果，对整个互联网时代的发展具有十分重要的意义，但大数据的应用面积广也带来很多不可控的风险。对于大数据的透彻研究，是应对大数据时代到来的必然选择。大数据是把双刃剑，安全因素是在大数据的发展进程中不能回避的重要问题。如今，越来越多的互联网新技术在人们的日常生活中被广泛运用，物联网应用、移动终端互联技术以及大量的电子信息技术的发展，都给我们的国家、政府、组织以及社会个体的信息安全带来巨大的威胁。近年来，针对大型互联网企业、零售企业，以及金融、医疗、社保等机构的数据窃取屡见不鲜，如306网站13万用户信息泄露、美国Anthem公司1100万用户信息泄露等。此外，由于缺乏数据采集、利用等方面的制度，一些政府、企业存在过度采集用户数据等非法使用行为，如苹果公司IOS收集用户位置信息，记录用户经常活动的地点、活动的时间、活动的频率等，并对数据加密存储；某些政府机构在执法等过程中也会要求其他政府或企业开共享超过其执法目的的相关数据等。①

信息安全，是电子信息技术发展始终伴随的问题。政府部门作为国家机关和要害部门，加强信息安全管理，有效履行政府职责，维护国家的信息主权，才能使信息主权在国家活动中充分发挥其应有作用。传统的信息安全问题，遇上大数据时代，就必然会对信息安全的保障和管理提出全新的要求。随之而来的是我们必须研究一些适应新形势的对策和布置设计才能应对大数据时代的信息安全问题。这一点在任何新问题产生时都不可避免。

新生事物的发展，在带来巨大的社会福音的同时，往往也伴随着不可避免的新问题出现。当前大数据的发展迅速，为互联网发展营造了"一切皆有可能"的创新网络环境，充分体现了大数据对互联网发展的巨大推动力，也体现了以互联网为载体的大数据应用的巨大魅力。如今，全球一年的数据产量比过去几十年的数据产量还要多。不仅数据产量多，数据的产生方式也多样化，传播方式更是多样化。大数据已经改变了传统上的信息产生、传递、存储和处理的方式，然而最重要也最值得提到的是，数据的权利也发生了转移。以前我们自己掌握数据，或是政府和使用机构掌握数据，如今，这种掌控权更多地向云服务提供商、互联网供应商们发生偏移。

大数据时代，传统的互联网传输协议还在使用，但是这样

---

① Jon R. Lindsay, Tai Ming Cheung, Derek S. Reveron, *China and Cybersecurity：Espionage，Strategy，and Politics in the Digital Domain*，Oxford University Press，2015.

的传输协议难以满足大数据到来，在网络传输中可能存在漏洞。因而就会有一些了解网络协议又懂得大数据的传输过程的黑客，利用传输协议和大数据的不匹配漏洞攻击网络从而窃取数据；无线传输的大量运用，可能使得数据在无线传输中更容易遭到截获等。黑客可能利用大数据的特点隐藏攻击行为，使攻击行为很难被检测到，或是设置误导安全监测程序偏离正确方向等。传统的存储、传递、管理等方式都可能无法适应大数据发展带来的新要求，从而面临信息安全上的威胁。

## 第一节　数据监管现状

一直以来，国内外敌对组织惯常使用金钱收买、把柄逼迫等手段从我国政府部门人员手中窃取我国的政治、经济、科技、军事等核心机密。传统的政府内部信息的网络泄露途径主要有：电子邮件通信、办公电脑与私人电脑混用、资料的复制、文件的共享等。随着互联网和大数据的发展，来自敌对国家的间谍组织、反华势力、分裂势力等对我国政府的破坏渗透活动往往借助互联网和大数据分析进行。发达国家为窃取我国政府内部信息，使用"后门程序""僵尸网络"等手段，远程攻击政府内部信息网络；或者对我国内部网络植入木马，利用漏洞窃取下载内网信息；或者点对点监控我国内网某台机器，一旦我方开机，就将计算机中的内网信息在未被察觉的情况下传走；或者通过我方被植入木马的计算机跳至内网中的其他计算机进行窃取信息，还有一些则是利用大数据分析我国政府人员的行为规律、喜好偏好，从而投其所好进行有意接近、长期渗透等，可谓防不胜防。据调查数据表明，我国有 63.6% 的局域网用户处于"高级风险"状态，每年因网络泄密导致的经济损失高达上百亿。

为确保我国各级政府机关的内部信息安全切实得到保障，我国先后出台《国家信息化领导小组关于加强信息安全保障工作的意见》《关于加强信息安全保障工作中保密管理的若干意见》等规章条例，各级政府针对本系统、本部门的情况也都制定了相关的内部信息安全条例以及相应的实施细则等。我国各级政府在对政府机关内部信息安全的重视程度上，近几年是逐步提高的，在相应的措施办法方面，也是逐渐丰富的。各级政府基本都能做到对于内部信息网络与外部网络杜绝外来威胁，并对内部网络设置防火墙等措施进行日常维护。然而，这些措施仅仅是保障内部网络的"正常"运行，并不能确保内部信息安全不受侵害。内部网络是一个很复杂的应用环境，日常性的管理维护仍然可能造成数据失窃、信息泄露等事故。例如，信息安全的认识存在偏差。很多人认为内部信息安全仅仅是综合办公工作的一小部门，只要按照上级要求做了就高枕无忧。尤其一些负责人认为本部门涉密信息少、无密可保，内部信息安全工作与自身关系不大，又与业务考核不挂钩，对于内部信息安全的隐患一知半解，极少过问。又例如，有的机关工作人员在本部门办公室打印机坏了时，将内网计算机连接在没有经过审核的任意打印机上打印文件等纸质信息。如果此打印机被植入木马程序，那将导致所有通过此打印机打印的文稿等信息，全部通过木马程序远程发射出去，造成的损失难以估量。

根据历年来国家保密局的案例通报结果来看，通过计算机网络或移动存储介质发生的违规事件占比较大，且呈逐年上升趋势。2013 年，查处涉密事件共计 200 余起，其中涉及计算机、网络和移动存储介质的涉密事件等；2015 年，查处涉密事件共计近 300 起，其中涉及计算机、网络和移动存储介质的涉密事件 200 多起，占总数近 70％。由此可见，在我们越来越重视内部信息安全的维护的同时，通过网络发生的信息安全事件比例却在不断增长。

## 一、大数据加大了我国政府保护内部信息的难度

我国政府部门掌握着大量的数据信息，受行政垄断和安全考虑，相对于西方国家，我们的政府数据开放程度较低。也正是这部分未开放的信息，是我们重点保护的政府内部信息。大数据的技术发展速度快，窃取信息的手段非常规化，防不胜防。发达国家在大数据相关技术的开发和研究方面均领先于我国，使得我国政府内部信息安全的保护难度大大高于以往。从近年来我国政府数据泄露事件来看，政府内部信息资源的失控风险骤升，内网信息更是存在大失控、大泄露的风险，数以万计的信息大泄密和面积广、数量庞大的网络窃取数据安全频发。并且，大数据的汇集，使得黑客们可以一次性成功获得更多的数据，从而使我们的损失更为严重。从近几年的政府内部信息泄露事件来看，被攻击的数据量都是十分惊人的，有逐渐上升的趋势。随着大数据技术的进步和应用面的加大，势必会给我国政府内部信息安全带来越来越多的隐患，这成为我国政府保护内部信息安全的绊脚石。

## 二、大数据可能成为西方监视我国政府的抓手

大数据时代，国内外敌对势力对我国的攻击环境发生变化，手段更加多样化，领域更加广泛化，防不胜防。我国为了与发达国家缩小目前的科技差距，大量引进其高科技产品设备，并且很多都用到了政府机关以及军事部门等的核心单位。引进的设备中，芯片、系统、逻辑编程等核心都掌握在他人手中，很可能这些国外的厂商与该国政府有协议，在设计和生产产品之初就已经预留针对用户窃密的"后门"程序。海量的数据，经过采集和相应分析，可能产生巨大情报价值，从而成为西方国家对我国政府部门展开网络监视和布控的重要助手。

"棱镜计划"曝光，美国利用自身的技术优势，对几乎所有的国家及政府展开全面的数据搜集和监控，其数量和深度十分惊人。21 世纪初曝光的美国和英国联合建立的代号为"梯队"的全球监听网，每天可以窥探全世界 30 亿个电话、电报、文件以及电子邮件的内容。①当前信息已经显示，美国获取和采集了我国用户群体相当丰富的立体数据，包括我国政府内部信息和高层官员的监控。利用大数据技术，西方国家可以对我国政府内部数据进行分析，当量大到一定程度时，原本分散无意义的数据就可能产生巨大的、有价值的情报信息，就可以对我国的政治、军事、经济等实施全方位、立体化的"入侵"。

根据中国互联网协会、国家互联网应急中心给出的数据，

①　汤镕昊："从'棱镜门'事件看美国的情报监督机制"，载《情报杂志》2013 年第 9 期。

2013 年全年，我国大陆被篡改的政府网站共计 2430 个。对比近几年的数据发现，我国被篡改的政府网站数目相当大，且呈逐年上升趋势。然而，网页篡改还仅仅是比较低层次的侵犯手段，对于内部网络的入侵和数据截获，更是令人毛骨悚然。早在 2000 年，就有境外黑客组织针对我国政府的网络漏洞进行渗透，盗取了大量秘密信息。

### 三、大数据保护不利可能侵犯我国的"数据主权"

大数据时代，数据的跨境流动频繁。美国等西方发达国家，利用其技术优势，掌握我国大量数据信息，其中包括大量窃取我国政府内部信息数据。他们利用这种控制信息供应链的行为，使得东西方的"信息博弈"不对称性矛盾越来越突出。这些国家在国际网络空间战中占据着主动权，而使得我国处于相对被动的地位。当前世界各国在信息的获取、利用和控制方面展开激烈的斗争，日趋白热化。我国政府内部信息数据被掌握得越多，我国在网络空间的话语权就越弱。一旦这些国家与我国的利益不统一，就会对我国政府的治理产生潜在的威胁。作为世界上唯一的超级大国，美国一直毫不掩饰地向包括我国在内的世界所有国家展示其在网络空间的绝对话语权，希望建立以美国为主导的网络全球新秩序。我国目前很大部分的政府内部信息安全威胁来自于美国的"数据侵害"。

### 四、大数据对我国现行网络安全法提出挑战

一个信息安全的国家，在网络领域的法律法规应该是相对健全的。法律法规对于保障信息安全十分重要。然而，在信息

安全立法方面，我国的现行法律中并没有针对国家信息安全的专门法律，大多为一些行政规章制度等，对于大数据的防范和规范使用更是未曾涉及。1994 年 2 月，我国颁布实施《中华人民共和国计算机信息系统安全保护条例》（国务院 147 号令）。该条例成为我国颁布实施的第一部计算机技术领域的法律法规，提出了计算机信息系统执行安全等级保护的规定。随后颁布的有《中华人民共和国计算机信息网络国际联网管理暂行规定》等，但这些仅仅是应用技术领域做到了有法可依。对于具体的信息安全管理、违法犯罪追责等，只能依靠一些部门的专门性规章条例，适用性差。2003 年，国务院办公厅转发《国家信息化领导小组关于加强信息安全保障工作的意见》的文件，以及公安部、国家保密局、国家密码管理局、国务院信息办等单位联合在 2004 年出台的《关于信息安全等级保护工作的实施意见》，都提出了要增强全民信息安全意识等指导性精神。之后又陆续出台了一系列信息安全等级保护的基本要求、管理办法、实施标准、保护政策等。这些多是国务院制定的行政法规或者是各部委制定的规章，统筹性和可操作性不强，协调性不高。对于政府内部涉及网络信息的安全管理，没有明确统一的界定，不像纸质公文的管理办法那么详尽。而如今的公文拟稿、处理、传阅常常都在内网中进行，日常工作中管理起来没有法律条款依据，难以对号入座。一旦出现问题，通常只能按党纪处理，对于违规违纪的处理力度过小。

法规条例的贯彻落实也缺乏力度。虽然目前为止国家各有关部门都出台了相应的内部信息安全保护工作的意见和办法，但实际情况往往是下级部门在发生内部信息安全事故的时候，能瞒就瞒、避重就轻，对瞒不住的问题也不深度追究，简单检查警告后不了了之。这体现了我国现行的关于内部信息安全的规章条例约束性不强，缺乏强制力度，也看出各级党政机关对于内部信息安全管理的不善。法律法规的不完善直接造成法律的高压线没有起到应有的震慑作用，信息安全事件频繁发生。面对大数据时代的到来，我国政府显然还没有做好出台相关法律法规的准备，对于可能出现的信息安全隐患、事故等的管理意见、处理办法也都没有条例依据。在这种情况下，国内外敌对势力和组织很可能利用我国的法律空白对我国政府内部信息发起攻击，从而给内部信息安全带来损失。

## 第二节　数据管理与市场监管现状原因分析

### 一、思想认识不到位

网络把世界相距万里的信息节点连为一体，一次击键 0.3 秒就能环绕地球两周。网络攻击行为发展到目前，已经可以毫无声响、不留痕迹地攻击对手要害部位，且攻击后很难让对方锁定。但在几千年传统观念的影响下，今天的人们仍习惯于对我们在实体空间范围内的风吹草动群情激愤，甚至不惜武力相向，而对网络这样虚拟世界中发生的哪怕是大事都缺少同等程度的重视。近年来，各级政府部门能够充分认识到信息公开化以及内部信息化建设的重要性，但大多数的政府部门没有建立相对统一、适用范围广、科学严谨的内部信息安全管理体系，对内部信息的安全问题关注太少。

各级领导和主要负责人对内部信息安全问题不够重视。经过近几年的普及，各级领导和部门责任者基本都能认识到不利用网络开展工作在当今时代是不可能的，网络和办公自动化能够极大地帮助工作的有序开展。因此，为了本部门的运作高效、落实信息化的精神，各级领导多是倡导本部门信息技术工作推进的。然而，在相当一部分的部门责任人心里，对信息安全的认识并不充分。

政府部门工作人员对信息安全隐患认识不足。在对内部信息的网络化操作方面，为了提高运转效率，常存在重运用、轻管理的问题。对于通过内部网络处理公文、存储、传输等环节的安全意识薄弱。此外，网络管理者存在对内网计算机与连接外网互联网的计算机网络物理隔离执行不严格的现象；网络使用者存在对规定的操作流程缩减步骤，存在侥幸心理等行为。内网计算机违规外联、移动存储介质在内部机器和外网机器上混用、安装未经授权的免费软件、非授权人员违规进入他人电脑等违规操作行为，是目前内部信息有意、无意被泄露的主要隐患行为。从近年来的通报案例来看，由于操作不当导致的内部信息泄露事件涉及的信息量之大、信息涉密么深、造成危害之大，让人震惊。

## 二、技术隐患严重

内网信息的安全运行要依靠先进的技术设备作为支撑，还要有日常的技术维护作为保障。虽然近年来，从中央到地方，都在不断加大信息化资金投入，但各地政府机关在技术保障方面的基础较为薄弱，与新时期的保障要求还有很大差距。我国的网络信息系统，普遍存在技术落后、被动性强的缺陷。我国的计算机及高科技的信息产品所采用的芯片基本上全都来自于国外进口。再者，我们目前使用的操作系统和很大部分的基础软件也均为发达国家的产品。我国政府机关使用的操作系统绝大部分是 windows，编辑和处理电子公文用 office 或 WPS 来完成。在 xp 停止服务之后，我国政府机关仍有 60% 在使用该系统。这些电脑得不到及时的漏洞修补，一旦联网，相当于"裸奔"。核心硬件和软件的关键技术不掌握在我们手中，造成了我们的防御被动性强，不可避免地将我们的使用数据外泄。信息专家曾提出我国信息安全问题的三大黑洞，即为：国外制造的芯片、国外生产的操作系统、国外研发的网管软件。

政府部门鲜有高科技研发团队。一方面，信息安全方面的技术人才属于新兴市场的热门人才，社会需求旺盛，薪酬较高。政府机关的管理体制很难网罗到这类人才。政府部门从事信息安全管理的人员多为兼任，虽然具备一定的信息安全知识和技术能力，但这些非专职人员难以在忙于多种事务管理工作的同时持续关注信息安全保护等方面的标准及最新要求，普遍缺乏相应的知识储备和管理经验。对于信息安全的重要岗位如系统管理人员、安全管理人员、安全审计人员等，普遍存在临时任命的现象。另一方面，从一种适应要求的新产品研发到推广运用期间耗费的人、物和财力较大，团队组建上有相当大的困难。因此，一般政府部门所用的技术保障产品，都是外包产品，多根据政府部门的用户需求由外包公司研发。此外，内网的日常运行维护投入欠缺。很多政府机关的内部网络都没有专门的部门或人员进行实时维护，除非系统瘫痪，否则少有管理。只有在系统出现问题的时候，才找相应的技术公司派人进行维护，机关部门的大多数用户都不了解内网运行的情况，出现问题只能"等待救援"，何况察觉不到的高科技窃密，技术方面的管理缺位现象十分突出。

### 三、相关法律和管理制度不完善

管理不善是政府内部信息安全的最大漏洞，管好内部信息安全必须要有坚不可摧的法律制度来保证。法律和制度的不完善可能导致很多安全问题的产生。比如出现安全问题找不到相关法律规定处理，比如密码口令的泄漏、越权使用、擅自篡改等没有强有力的制度去管理。近年来，由于管理不善造成的信息受破坏案例比比皆是。一些党政机关一提安全问题就搬制度、印册子、挂条幅。更多的人觉得跟自己的工作并没有太大关系，只要能应付每年的检查就可以了。信息安全管理停留在硬件保障、防火墙安装等基本事项上，根本没有针对本单位的漏洞隐患、针对人员工作环节的具体安全和保密管理措施，既无针对性也无可操作性。不出事不知道后果的严重性，防范管理严重不足。

目前我国各级党政机关的内部信息安全管理，主要由各单位的信息技术部门承担；其他涉密信息安全管理，由保密部门承担。绝大部分的基层政府机关，难以网罗到高科技人才，且现有人员的培训、进修等跟不上时代的要求，整体技术水平相对落后，应对国内外高科技形式的窃密有很大难度。信息技术部门的人力、物力、财力在保障内部信息安全方面都存在较大不足。地方的保密部门，作为一个独立的行政机构，一般省、市一级有保密厅局，各单位有自己的保密办，即单位党委领导下的行政执法单位，主要负责保密安全防范和失泄密问题查处等。据调研报告显示，目前各级保密部门，绝大多数为二级局建制，仅有极少数的为一级局机构。这样的行政建制方式使得保密部门的权限受到很大限制。比如某单位的保密办公室，由单位的党委管理，行使监督、查处等职权时势必要受到制约，使得政府机关的内部信息安全管理流于形式。保密部门很少能够顺利开展突击检查等行动，因为被查的部门往往都是保密部门的平级单位，而且总会有相关领导出来"协调"，只要是问题不太严重，一般就不了了之了。久而久之，保密部门的震慑力也就不足了，无法起到真正的管理作用。

# |第九章|

## 数据保护与监管的热点案例探讨

### 第一节　以个人数据信息的保护为核心的案例探讨

#### 一、朱某诉百度 cookie 侵权案

随着移动互联网时代的到来，许多人从早到晚都处在互联网中，其上网活动也在互联网中留下了一串串"轨迹"，例如购物记录、检索记录、浏览记录，等等。这些轨迹信息具有极大的商业价值，商家可以从中挖掘用户的上网习惯、兴趣偏好及其他的有用信息，进而利用这些信息进行精准的广告投放来赚取利润。然而这些"轨迹"信息，正如一个人一天的行程信息一样，许多人不愿为他人所知，更不愿被他人商业化利用，更何况其中有些信息还涉及个人隐私。那么这些商业价值巨大的轨迹信息在法律上到底属于何种性质，权利归属为谁，信息控制者能否采取技术手段搜集这些信息并进行商业化利用？这些

问题在法律上都没有明确规定，但是实践中却已然发生了相关的案件，而且一审和二审的观点态度以及审判结果都截然不同。

2015 年 5 月 6 日，南京市中级人民法院对"北京百度网讯科技公司与朱某隐私权纠纷案"作出终审判决，本案被媒体称为"中国 cookie 隐私第一案"，其核心问题是"用户上网轨迹"等信息被商业化利用是否构成侵权，而这一问题广泛地存在于我们每个互联网用户的生活之中。

（一）案情简介

朱某在利用家中和单位的网络上网浏览相关网站的过程中，发现利用"百度搜索引擎"搜索相关关键词后，会在特定的网站上出现与关键词有关的广告。为了证明该过程的真实性，2013 年 4 月 17 日，南京市钟山公证处对该过程进行了公证。证明朱某在通过百度网站搜索"减肥""人工流产""隆胸"等关键词后，再进入"4816"网站和"500 看影视"网站时，就会分别出现有关减肥、流产和隆胸的广告。朱某认为，百度公司未经其知情和选择，便利用网络技术记录和跟踪所搜索的关键词，将其兴趣爱好、生活学习工作特点等显露在相关网站上，并利用记录的关键词，对其浏览的网页进行广告投放，侵害了其隐私权，使其感到恐惧，精神高度紧张，影响了正常的工作和生活。2013 年 5 月 6 日，朱某向南京市鼓楼区人民法院起诉百度公司，请求判令立即停止侵害，赔偿精神损害抚慰金10 000元，承担公证费 1000 元。

2014 年 10 月 13 日，南京市鼓楼区人民法院对本案作出判决，认为百度公司利用 cookie 技术收集朱某信息，并在朱某不知情和不愿意的情形下进行商业利用，侵犯了朱某的隐私权，支持其诉讼请求。百度公司不服判决，提起上诉。2015 年 5 月 6 日，南京市中级人民法院认为百度公司利用 cookie 技术为用户提供个性化推荐服务的行为并未侵犯朱某的隐私权，判决撤销原判，驳回朱某全部诉讼请求。

（二）争议焦点

本案事实清楚，一审和二审法院对事实认定都没有争议。之所以作出截然相反的判决，主要原因在于两级法院对以下两个问题存在不同的认识：第一，用户上网轨迹信息的法律性质为何；第二，百度公司收集和处理朱某上网轨迹信息的方式是否侵犯其相关权利。

1. 用户上网活动轨迹信息的法律性质

用户上网轨迹信息的法律性质是判断是否构成侵权的前提，因此一审和二审都对该问题进行了分析，但是二者分析的角度和结论皆存在差异。

一审法院认为，隐私权是自然人享有的私人生活安宁与私人信息依法受到保护，被他人非法侵扰、知悉、搜集、利用和公开的权利。关于朱某的网络活动踪迹是否属于个人隐私的问题，其认为个人隐私除了用户个人信息外，还包含私人活动、私有领域。朱某利用三个特定词汇进行网络搜索的行为，将在互联网空间留下私人的活动轨迹，这一活动轨迹展示了个人上网的偏好，反映了个人的兴趣、需求等私人信息，在一定程度上标识了个人基本情况和个人私生活情况，属于个人隐私的范围。

二审法院则认为，百度公司收集、利用的是未能与网络用户个人身份对应识别的数据信息，该数据信息的匿名化特征不符合"个人信息"的可识别性要求。网络用户通过使用搜索引擎形成的检索关键词记录，虽然反映了网络用户的网络活动轨迹及上网偏好，具有隐私属性，但这种网络活动轨迹及上网偏好一旦与网络用户身份相分离，便无法确定信息归属主体，不再属于个人信息范畴。百度公司个性化推荐服务收集和推送信息的终端是浏览器，没有定向识别使用该浏览器的网络用户身份。虽然朱某因长期固定使用同一浏览器，感觉自己的网络活动轨迹和上网偏好被百度公司收集利用，但事实上百度公司在提供个性化推荐服务中没有且无必要将搜索关键词记录和朱某的个人身份信息联系起来。由此可以看出，一审法院将上网轨迹信息界定为个人隐私；二审法院则将之界定为个人信息，具有隐私属性，认为由于这些信息仅与用户的浏览器终端相联系，而非用户本身，因此不具有识别性，也就不构成个人信息。换言之，二审法院认为，这些信息仅识别"特定浏览器"，而不识别"特定个人"，因而不属于个人信息。

2. 百度公司商业化利用"上网轨迹"信息是否侵犯用户权利

关于收集、利用上网轨迹信息是否侵犯用户权利的问题。一审法院认为，收集、利用他人信息也会构成侵犯他人隐私的情形，公开和宣扬他人隐私并不是侵犯隐私权的唯一方式。由于互联网服务中一般采用默示同意的方式，用户不容易知晓这一内容，因此，互联网服务商应该承担更多的、更严格的说明和提醒义务，以便网民有充分的了解，进而做出理性的选择。

二审法院认为，侵犯他人信息隐私权必须要求"公开"，百度公司利用网络技术通过百度联盟合作网站提供个性化推荐服务，其检索关键词的海量数据库以及大数据算法均在计算机系统内部操作，并未直接将百度公司因提供搜索引擎服务而产生的海量数据库和 cookie 信息向第三方或公众展示，没有任何的公开行为，因此没有侵犯用户隐私。这种请求同意的行为仅需承担一般提示义务即可，尤其是针对这些非敏感性的碎片化信息。

（三）简要评析

随着互联网经济的不断发展，利用用户上网轨迹信息分析其购物偏好、兴趣爱好、个人需求等，从而实现精准的广告投放和个性化的商业推荐服务已成为商业广告推广的必然趋势。精准个性化的服务，一方面可以免去复杂的搜索任务，迅速找到自己需求的产品与服务，为用户带来极大的便利；另一方面，也会给用户带来一定程度的困扰，有种网上私生活被窥探的感觉，甚至泄露个人隐私，侵犯个人信息安全。在利用用户上网轨迹等碎片化信息进行商业化推广时，如何平衡用户信息保护和互联网经济发展的问题便显得尤为重要。本案的意义即在于其首先试图探讨轨迹信息的法律性质，并在这类信息的问题上作出一个裁决，以平衡用户信息保护和互联网的发展。但由于我国现有法律在个人信息和互联网治理方面的空白，理论上对隐私的定义又存在诸多分歧，所以二审法院判决还存在不妥之处，也不能完全解决所有轨迹信息问题。因为按照二审法院的逻辑，所有的网上检索或购买记录，都不能识别特定人，仅能识别特定的终端设备，则都不符合个人信息的定义。因此，有必要对此问题进行更加深入的分析与探讨。

笔者认为，解决此问题必须厘清以下几个问题：第一，"上网轨迹信息"的法律性质到底为何，是隐私还是个人信息或者一般信息。第二，这些"上网轨迹信息"的权利归属为何，这些信息之所以会被商业化利用，就在于其具有极大的商业价值，具有财产的属性，可以成为财产权的客体；同时这些信息又直接来源于个人的行为，反映个人的上网习惯和兴趣偏好等，具有人身属性，可能成为人格权的客体。这些信息的权利归属状态将直接影响对其商业化使用的合法性认定问题。第三，如果上网轨迹等碎片信息可以被商业化利用，其搜集、使用的界限在何处，财产权与个人隐私权或个人信息权的边界如何划定。

## 二、案例法理分析

### （一）"上网轨迹"信息的概念及性质

1. "上网轨迹"信息的范围界定

所谓"上网轨迹"信息，并非仅指上述案例中的"关键词"检索记录，而指用户通过网络活动在网络上留下的一切信息，这些信息可以反映个人网上活动轨迹。例如，用户在何时浏览过什么网页，内容是什么，搜索过何物，购买过什么东西，使用了何种软件应用，使用时间多长等。这些信息多呈现碎片化状态，因为目前用户不同的网络活动信息为不同的网络服务商所控制。

由此，可以从两个角度来看待上网轨迹信息，一是互联网用户的角度；二是网络服务商的角度。对用户个人而言，这些信息就像其日常行程一样，比如去过何地，做过何事。由于人们对移动终端的依赖性非常大，生活中的大部分时间都与互联网关联，因此每天都有大量的轨迹信息产生。一旦这些信息能够特定化，那么用户在网上的活动将变得透明化。在物联网时代，甚至整个人都将成为透明的人，一切活动都曝光在网络的"监视"和"追踪"之下。对网络服务商而言，所有用户的轨迹信息都存储于其服务器上，是一个庞大的集合，只有他们才能真正控制和利用这些信息。他们可以通过技术手段将其搜集的庞大信息库与具体的网站、商家或广告商联系，实现巨大的商业利益。这些信息是网络服务商的一笔巨大财富，正如有人说"在信息时代下，得信息者得天下"。

2. "上网轨迹"信息的法律性质

关于上网轨迹等信息的法律性质，理论上仍没有形成一致意见。主要有以下几种不同的观点：

（1）隐私说。关于何为隐私，在理论上有两种不同的认识。一种观点认为，在我国，"隐私仅指那些私密性的信息或私人活动，如个人身体状况、家庭状况、婚姻状况等，个人不愿意公开披露且不涉及公共利益的部分都可以成为个人隐私"。换言之，隐私仅指那些十分敏感且不愿为他人知晓的信息，一旦公开将会对隐私权人造成非常严重的后果。另一种观点又称"大隐私说"，认为在信息社会隐私的概念也有扩大，不仅包括那些敏感的私密信息，一切与私人生活有关的资料都可以归入隐私的范畴，主张通过隐私权来保护个人相关资料，例如德国和美国的立法。在第一种观点下，"上网轨迹"信息只有极少部分属于隐私，不受隐私权的保护。但在第二种观点下，"上网轨迹"信息则几乎都属于隐私，受隐私权的保护。

（2）个人信息说。个人信息又称个人资料，是指个人的姓名、性别、身高、血型、住所、职业、财产及婚姻状况等可以直接或间接识别该个人的资料。多数学者认为关于个人信息的定义应采"识别说"。所谓"识别"即指信息与信息本人存在某一客观确定的可能性，通俗地说就是通过信息能够把本人"认出来"。随着互联网的普遍使用，一般认为互联网上具有识别性的信息也属于个人信息，诸如个人的上网轨迹、上网习惯以及兴趣偏好等。国家工信部颁布的《电信和互联网用户个人信息保护规定》中对个人信息的界定也持此种观点，其规定："个人信息是指……账号和密码等能够单独或者与其他信息结合识别用户的信息以及网络用户使用服务的时间、地点等信息。"此处的网络用户使用服务的时间、地点等信息就是"上网轨迹"信息的一种。

（3）网络碎片信息说。这一概念其实是个人信息的另一面，在朱某诉百度侵权案中，二审法院法官即持此种观点。他们认为，诸如"上网轨迹"等信息并不具备个人信息的识别性要求。因为"识别性"要求能与特定的自然人相联系，但是"上网轨迹"信息所呈现出来的所谓兴趣偏好、网络习惯等只能与特定的终端设备相联系，并不能真正"识别"终端设备后的自然人。这一类信息仅仅是存储于网络服务商服务器中的大量网络碎片信息而已，网络服务商对其利用也并非针对单独的个人信息，而是作为整体的信息利用。因此"上网轨迹"等信息并不符合个人信息的构成要件，不应将之视为个人信息。同时，既然这些"碎片信息"并不属于个人信息，而其又具有极大的商业价值，那么理应将其作为"一般物"看待。

前两种观点产生分歧的主要原因在于对个人信息与隐私的界分不同。"大隐私说"对隐私做扩大解释，试图将个人信息的保护纳入隐私权的保护范围。"个人信息说"则主张将个人信息独立于隐私单独保护，希望在此基础上确立个人信息保护权，而隐私的概念不做改变，仍指具有私密性的敏感信息。笔者赞同后一种观点，即将隐私和个人信息作出界分，以不同的权利来保护。事实上隐私和个人信息在许多方面都存在不同，个人信息侧重识别性，只要能增加识别对象的资料都可能成为个人信息，并不具有私密性，甚至大多数的个人信息本身都要求在特定范围内公开。而隐私则侧重于私密性，一旦公开就将对权利人造成非常严重的后果，属于绝对不能公开的敏感信息。个人信息的外延远远超出了隐私权的范畴。至于"网络碎片信息说"，笔者认为就目前而言法院的认定并无不妥，但是从发展的眼光来看，这一观点仍需商榷。因为虽然 cookie 等技术只是将这些信息与笔记本电脑、手机等终端相连，并没有特定化"自然人"。但是随着笔记本电脑的普及和移动智能手机的发展，几乎人人都有自己特定的终端。这些终端设备恰如个人连入互联网空间的媒介，是个人在互联网空间世界里的延伸，特定的终端其实就意味着特定的"个人"。而且一旦能特定化终端，特定化到个人也并非难事。随着互联网的不断发展，尤其是在未来的物联网时代之下，这一特征将会更加明显。因此，我们不能仅因终端与个人的分离就断然认为这类信息不属于个人信息，事实上"朱某诉百度纠纷"的产生也说明了普通用户自己也将"上网轨迹"等信息看作个人信息，从而受到商业化利用的影响。

综上，"上网轨迹"等信息理应归入个人信息的范畴，但由于个人信息本身外延可能包含隐私。"上网轨迹"信息也可能包含隐私的内容，关键看这些"轨迹信息"是否属于不能公开的敏感信息。

（二）"上网轨迹"信息的权利保护类型与权利归属

个人信息既具有人格属性，又具有财产属性，是信息时代下一种重要的存在。个人信息应该纳入法律的保护范围这点毋庸置疑，但应将其纳入何种法律体系下保护则存在不同的意见。只有确定了保护个人信息的权利类型，才能进一步探讨这种权利的归属权。理论界关于这一问题，主要有以下几种观点：第一，将个人信息作为隐私权的客体来保护。这一观点，在前文已有涉及，值得商榷。第二，设立个人信息权来保护个人信息，大多数人都持这种观点。第三，由所有权来保护个人信息的财产属性。下面主要介绍后两种观点：

1. 个人信息保护权说

持这种观点的学者认为，个人信息保护权是直接保护个人信息的权利，应纳入人格权的保护体系，对其体现出的经济利益也在人格权的体系下进行保护，因为在现代社会下，人格权也具有很大的财产利益，已经开始被商品化了。法律之所以保护个人信息是为了维护个人的人格尊严和人格平等，保证个人对自己的信息享有平等支配的权利。如果将个人信息权作为财产权，将有损人格的平等性。由于每个个人的社会地位和经济状况不同，因此其信息资料也会有不同的价值，对其的保护程度自然也会有差异。但对个人信息所体现的人格利益本应进行平等保护，不应有任何差异。而且将个人信息权作为人格权已经成为世界各国的立法趋势。个人信息权的核心体现为对个人信息的控制权，又称"个人信息自决权"。这种控制表现为个人有权了解谁在搜集其信息资料、搜集了怎样的信息资料、搜集这些信息资料从事何种用途、所搜集的信息资料是否客观全面、个人对这些信息资料的利用是否有权拒绝，以及个人对信息资料是否有自我利用或允许他人利用的权利等内容。

在这种模式之下，个人信息权自然归属于个人，属于人格权的一种，信息控制者商业化利用这些信息必须征得个人用户的同意，并且尽到足够的说明和提示义务，否则都将成对用户个人信息权的侵犯。

2. 所有权说

该说认为，在互联网时代，个人信息具有极大的商业价值，信息控制者采集个人信息并是为了了解个人，而是为了建立庞大的数据库。该数据库所存储的信息既可以与商家合作，将其用于商业广告的精准投放和个性化服务推荐，也可以利用其庞大的个人数据分析某种群体的共性来满足其自身或其他资料库使用人的需要。甚至用于社会服务，例如预测流行病等。所以对于网络服务商等信息控制者而言，个人信息并非针对个人的信息，而是一种"大数据"，不具有人身属性，而具有非常高的价值，可以作为商品利用、出让，为其带来经济利益，本质上是一种财产利益，应由所有权保护。这种观点将个人信息作为有使用价值和交换价值且能为信息控制者控制的"物"来对待，采用所有权的保护模式。但是没有进一步说明个人信息的所有权属于个人还是信息控制者。

笔者认为，上述两种观点皆有道理，他们从不同的角度出发探讨了对个人信息保护的不同模式。对个人信息的保护应综合采用个人信息保护权模式和所有权模式。换言之，应将个人信息中的人格利益和财产利益分离开来，分别由个人信息权和所有权保护。这二者之间并不存在冲突，一个对象可以同时成为人格权和财产权的客体，且由不同的主体分别享有。正如一幅美术作品的著作权，既具有人身属性，又具有财产属性。其人身属性由作者享有，而其财产利益则可由作品所有权人享有。在个人信息保护中，个人对其信息享有个人信息权，属人格权，信息控制者对这些庞大的碎片信息享有所有权，可进行商业化利用。前者体现为个人对信息的"控制权"，即对是否允许互联网服务商收集其信息，作何用途的知情和同意权。一旦用户同意信息搜集者搜集利用信息，则个人信息中的商业价值即让渡给了信息控制者。事实上在许多场合，个人提供信息是其享受互联网服务付出的一部分代价，例如，搜索记录对应的搜索服务、购买记录对应的平台服务，等等。而且对个体而言，个人信息经济价值并不大，也不会有人专门将自己的信息作为财产出卖。后者体现为信息控制者对其合法搜集的个人信息数据库拥有所有权，自己可以将其出让、利用，只要不侵犯用户的个人信息权和隐私权即可。个人信息数据库作为整体是一个巨大的财产宝藏，其财产权基础来源于用户对其个人信息经济利益的让渡。事实上，这些信息本身处于信息控制者的服务器上，也只有信息控制者能够利用。总而言之，对于"上网轨迹"等个人信息，个人对其享有个人信息权，为人格权，主要体现为对个人信息的"控制权"。而信息控制者对其合法搜集的个人信息数据库享有所有权，可以对其进行商业化使用。

（三）"上网轨迹"信息商业化利用的界限

"上网轨迹"信息既是个人信息权的客体，又是信息控制者财产所有权的客体。若这些"上网轨迹"信息还属于个人隐私的话，还是隐私权的客体。正因如此，才会频繁发生个人信息被滥用的情况，才导致实践中许多无法认定的模糊边界问题。既然个人信息的商业化利用已经成为不可阻挡的趋势，那么何不顺应其发展，允许信息控制者合理地利用自己的权利。但是在其商业化利用这些个人信息时，应为其加上枷锁，划定权利边界。只有如此，才能真正解决个人信息被滥用的问题，也才能对诸如朱某诉百度等案件有一个更好的认定。具体而言，"上网轨迹"信息的商业化利用应注意与两种权利的冲突关系：一个是与个人信息权的冲突，另一个是与隐私权的冲突。

1. 与个人信息权的边界

个人信息商业化利用的前提是信息的收集与取得合法，信息控制者只有在征得个人同意后获取的信息才能做商业化利用。这本质上是要保障个人对其信息被搜集以及使用方式的知情权，即个人信息的商业化利用不应侵犯用户的个人信息权。在"朱某诉百度纠纷案"中一个主要的争议点即在于个人对信息控制者搜集和处理自己"上网轨迹"信息的"同意"应为"明示同意"还是"默示同意"。笔者认为，由于上网轨迹信息产生量十分庞大，对其搜集只需采用"默示同意"即可，但对这些信息的处理和利用可以借鉴《信息安全技术公共及商用服务信息系统个人信息保护指南》（GB/Z 28828 - 2012）中的规定。针对敏感信息，需要取得个人的明示同意，而对于非敏感的个人信息只需取得个人的默示同意即可。但是在默示同意的模式下，要求信息控制者尽到更多的提示义务，不能将这一注意义务转嫁到个人身上，进一步减损个人信息控制权。同样，个人信息的商业化利用应该按照用户所许可的使用方式使用，不应超出用户的许可范围。

2. 与隐私权的边界

对于"上网轨迹"信息中个人不愿为他人知晓的敏感隐私信息，即使用户因为默示同意而允许了搜集，也不能将之用于商业化利用。因为隐私的保护模式主要在于事后救济，一旦因为这些信息的商业化使用侵犯了个人隐私，信息控制者则应该对此承担责任，无论其是否取得许可。而且诸如百度公司等信息控制者在其商业化使用"上网轨迹"信息的过程中，完全可以做到对隐私的保护。例如，将诸如疾病、两性等比较私密的检索词或者购买记录等信息屏蔽，不向第三者提供，或者在代码中加入相关的语言，使之不出现于个人的终端上，更好地保护个人隐私。信息控制者在享有"上网轨迹"等信息带来的巨大利益时，也应心存良知，对个人信息的保护担负起更大的责任。这二者之间并没有本质冲突，如此才能实现互联网技术的发展和个人信息保护之间的平衡。

## 第二节　以数据产权的保护为核心的案例探讨

### 一、典型案例

（一）顺丰与菜鸟的数据大战

菜鸟裹裹是阿里巴巴旗下的物流平台。菜鸟的经营理念与阿里巴巴整体的经营原则很一致：即其为多家物流公司的平台服务提供商，自身并不实际向消费者或商家提供物流服务。菜鸟希望实现从卖家到仓储、到配送、最后到消费者的递送一站式全频道打通，建立属于自己的生态链，同时所有物流信息均会出现在菜鸟的系统中。而顺丰则是国内快递行业的巨头。

双方矛盾爆发的背后原因的是非曲直并不十分清楚，但双方均指责对方试图获得超出自身业务必需的用户隐私数据。事件爆发后两天的时间内，双方处于数据通道关闭的状态，直到2017年6月2日晚，国家邮政局召集菜鸟和顺丰共同就双方关闭互通数据接口问题进行协调，最终这两家公司对于数据的争执在政府层面进行了调和。

（二）华为与腾讯的微信数据争夺战

此争议和顺丰与菜鸟之间的争议有相似之处。具体来说，争议的起因源于华为推出了一款荣耀 Magic 手机，该款手机可通过利用用户在微信中的聊天信息，实现为用户提供智能化的推荐等功能。比如用户用这款手机在微信里向他人发送"明天我要做培训"的消息，华为手机可以做到在日历上标注明天做培训这一事项。该款手机还可根据微信聊天内容自动加载地址、天气、时间等信息。华为称，这些均是华为与科大讯飞、高德、支付宝、携程等 APP 深度合作研发的结果，且均已获得用户的授权。

然而腾讯认为，华为的做法实际上夺取了腾讯的数据，并侵犯了微信用户的隐私。此争议最终也没有诉诸法律，而是在政府层面的调和以及双方私下的协商下达成了和解。本案例的不同之处在于，当硬件厂商发现了数据的价值，而所有的数据和软件都是在自己的硬件上运行时，也会参与到数据的争夺之中来。

在这些争议过程中，我们可见互联网公司以及华为这样的传统硬件制造公司对于数据的激烈争夺。在协同工作的一个生态圈中，数据的绝对权属可能显得并不十分重要，或者说难以准确界定。但是，经营者对于数据的占有欲望却都同样强烈。之所以把这类争议称之为数据占有争议，而不称为数据所有争议是因为数据所有权目前还没有定义。实践中，尚没有任何一个国家对数据权属问题进行明确界定。我们认为，从法理上和政策宏观影响上来看，在未来相当长的一段时间内，数据所有权的定义都将处于现在这样一种状态，即立法可能不会界定数据的绝对权利及其归属，更有可能是从竞争法、知识产权法的层面，从对数据产生的贡献方面来给予权利人一定的保护。比如，谁对数据进行了整理、抓取、留存，那么法律就会对做出这些努力的人给予一定的保护，而不轻易地允许任何人来垄断相关的权利。

## 二、案例要点梳理

### （一）数据权属问题的局限

在华为——腾讯事件中，事件的核心问题被归结于数据的权属问题，如华为给出的解释是数据属于用户，因而用户有权进行处置。然而数据权属无法有效解决争议。数据具有非排他性，并非民法意义上的"物"。数据权属问题的产生是由于数据作为提供服务的衍生品，数据持有者和权益人相分离，数据权益是一种新型的权益，各个利益相关方均享有特定权益，因而需要对各方权益进行细化的梳理和界定。

欧盟在《发展欧盟数据经济——数据权属问题白皮书》也得出同样的结论，即探讨数据权属问题无益于解决争议。经济合作与发展组织（OECD）发布的《数据驱动的创新：服务于经济和社会福利的大数据》同样指出，对于数据"权属"的探究并不是问题的核心，多元利益相关方均享有相应的权益，应妥善协调各利益相关方的权益。

（二）数据流通合规的三重维度

数据流通体系里面涉及多重维度的数据合规和数据治理的要求。我们将数据合规问题梳理出三个层次：第一，从国家安全与公共利益的维度，涉及数据安全可控、数据留存、数据跨境与本地化、数据执法协助、数据内容管理等，多为法律法规的强制性要求；第二，从商业利益与商业竞争的维度，涉及知识产权及商业秘密保护、反垄断、反不正当竞争、合同及侵权等问题；第三，从个人权益保护的维度，涉及消费者权益保护、个人数据保护等问题。由此可见，三个维度提出了不同层次的要求。

（三）数据的商业竞争及企业数据权益的维护

华为－腾讯事件已经跳脱了（个人）用户层面的问题，用户在中间能够发挥的作用已经很小了。它更多涉及的是双方的商业竞争问题，华为即便不与腾讯合作，也在与支付宝等其他合作伙伴合作。华为获取用户数据经由了用户的授权，满足了用户数据保护层面的要求。因此，问题不出在用户数据保护本身，更多是基于两家的商业竞争，这与顺丰－菜鸟事件如出一辙。

数据流通中涉及多元利益相关方的权益，包括数据被收集者（用户）、第一方收集者、第三方收集者、持有、加工者、使用者、数据中介等。具体到华为－微信事件，主要涉及用户、微信和华为三方主体。在这里微信具有双重身份：相较于华为，它是数据的提供者（当然这里构成的是被动提供），相较于用户，它又构成第一方采集者。当然，研究该问题的首要前提是从国家安全和政府监管的角度，分析是否有权获取用户微信聊天记录、是否违反宪法关于保护通信秘密的规定。然后从商业维度分析微信的权益。许多专家学者均强调了微信作为用户数据采集者基于《网络安全法》等应履行的数据安全保护义务。然而与此同时往往容易忽略另一个角度，即微信作为数据提供者享有的权益。微信对于自身产生、持有的数据是享有权益的，这种权益在目前法律框架中尚无清晰界定，然而实践中，很多案例确认了企业的数据权益，从商业秘密、知识产权保护，以及反不正当竞争等多种角度，对数据的采集、持有或者加工方的数据权益进行保护。

（四）个人用户数据权益的边界

从用户权益边界的角度而言，同样能证明用户发挥的作用非常有限，因为用户能够基于同意行使授权的范围有限。以欧盟《通用数据保护条例》（GDPR）为例，GDPR及其前身《95/46 指令》对用户的权利边界已经做了非常清晰的界定，用户能够行使授权（同意）的范围受到很多限制，一是同意"无法"行使的情形，例如依照法律的强制规定或履行法律义务是必需的，用户没有权利进行授权，有时甚至无权知情；二是同意"无需"行使的情形，例如基于履行合同义务或提供服务所必需的数据采集，则无需用户同意，只需通过隐私政策告知即可。三是用户能够行使同意的范围，据国际隐私专家协会（IAPP）

去年的一项调研，企业在很少的情况下（占 36%）是基于用户同意来采集数据的。在华为－微信事件中，用户可以通过同意（或取消同意）来决定是否允许华为采集或访问自己的微信聊天数据，然而无法决定华为是否与微信进行合作，这完全基于两方商业洽谈与商业竞争的结果。

## 第三节　以数据监管为核心的案例探讨

### 一、"棱镜门"事件回溯

2013 年 6 月，一个名叫爱德华·斯诺登的美国年轻人向全世界披露或者说证实了一个惊天秘密，从此全世界都知道美国国家安全局有一项代号为"棱镜"的秘密项目。美国通过这个项目不仅监听、监视本国人的私人电话、互联网信息和邮件，而且监控其他国家政府和个人的相关信息，甚至对美国的盟国也不例外。这立刻招致了全球的声讨与抗议，也让美国这个大力宣扬所谓"互联网自由"的"人权卫士"在世界舆论面前颜面扫地。随着该事件的不断发酵，国际网络空间存在的问题也不断浮出水面并引发了人们的思考和重视。如何进一步规范和完善国际互联网秩序从而加强网络空间的权利保护成为国际社会瞩目的问题。需要指出的是，在权利主体方面，网络空间的权利与发展的权利有相似之处，它既是一项个人权利，也是一项集体权利，因此对网络空间的权利保护既包括保护个人在网络空间的权利，也包括保护国家在网络空间的权利。

## 二、"棱镜门"中的法理分析

在信息时代，网络空间的一个突出特征是其无国界性。互联网自身要求超越主权国家的界限。这使得网络传播对国家主权构成了严峻挑战。主权国家对信息传播的控制力受到限制，国家主权的影响力弱化。与此同时，国家主权的范围也从领土、领空、领海扩展到了"信息边疆"。信息主权成为国家主权的重要内容。国家安全的范围也扩展到了网络空间，网络安全成为国家安全的重要组成部分。此外，权力的外延在信息时代也有了新的扩展。

"棱镜门"事件表明，寻求网络霸权的美国至少在如下几个方面危害到了其他主权国家的相关权利：

第一，美国侵犯了监控对象国的信息主权，从而侵害了这些国家的一系列相关权利。信息主权指的是一个国家对本国的信息传播系统进行自主管理的权利。信息主权包括三个方面的内容：①对本国信息资源进行保护、开发和利用的权利；②不受外部干涉，自主确立本国的信息生产、加工、储存、流通和传播体制的权利；③对本国信息的输出和外国信息的输入进行管理和监控的权利。美国在这些国家毫不知情的情况下对这些国家的网络信息进行监控和获取，侵犯了这些国家对本国信息资源进行保护和对外国信息的输入进行管理的权利。

第二，美国侵害了监控对象国的网络安全权。网络安全权指的是：任何一个国家，没有充分的正当理由，不被剥夺上网的权利，不论是一定期限的剥夺还是永久剥夺；任何国家没有充分的正当理由，可以不遵守通行的网络规则；任何国际组织、其他国家、任何集团和个人，没有充分的正当理由，不能对一个主权国家的网络信息进行窃听、过滤和监控；国际组织和各国政府要联合起来打击网络犯罪，特别是黑客攻击等。美国对监控对象国的网络信息进行窃听和监控显然侵害了这些国家的相关权利，是典型的"黑客攻击"行为。

第三，美国侵害了监控对象国在网络空间应该享有的基本权利。这些基本权利指的是国家在国际互联网上应该享有的经济、政治、文化等方面的权利。国际互联网作为全世界的公共产品，每个国家都应该享有平等的参与互联网国际管理并分享其发展成果的权利。但由于先发优势和技术优势，国际互联网的管理和规则制定在很大程度上被美国所垄断，这就使得其他许多国家没有获得平等参与互联网国际管理的权利，违背了平等原则和公平正义原则。同样，对于国际互联网发展成果的享有，美国也居优势地位，其他国家享有的互联网成果是有限和相对滞后的。

## 二、"棱镜门"引发的法律思考

"棱镜门"事件使得人们更深切地认识到国际互联网领域的现有秩序有很多不合理、不公正之处，对主权国家和个人在网络空间的权利保护都暴露出了很多严重的问题，因此必须对国际互联网秩序进行规范和完善。只有进一步规范和完善国际互联网秩序，才能使国际网络空间有一个可持续发展的良好环境，并为网络空间的权利保护提供有力保障。而要规范和完善国际互联网秩序，就要从明确基本原则、建立法律基础和组织架构等各个方面进行努力。

（一）树立基本治理原则

规范和完善国际互联网秩序，至少要明确如下基本原则：

1. 公平正义原则

现有的国际互联网秩序违背了公平正义原则。公平正义原则要求所有国家和个人在网络空间的权利一律平等、相互尊重，避免任何形式的歧视、偏见和不公。而现有国际互联网秩序的一个突出特点是存在明显的网络霸权现象。寻求网络霸权的国家在互联网问题上大搞"双重标准"是直接违背网络公平和正义原则的。而且目前，在国际网络空间存在严重的权利与义务不对等现象。在互联网领域处于优势地位的国家享有太多的网络权利，且经常滥用其权利而不受制约，而其他国家的网络权利经常受到这些国家的侵害，其履行的网络义务也很不对等。此外，有的国家还利用其在网络空间的优势地位输出其意识形态和价值观，危害一些国家的政治安全。

2. 平等参与原则

现有的国际互联网秩序使得国家之间不能平等参与国际互联网事务的管理。以美国为首的少数西方发达国家垄断了互联网规则的制定和互联网核心部位的控制权。对此，国内有专家指出："长期以来，国际网络规则和秩序是由美国人创制的。""棱镜门"暴露出互联网被美国一家垄断的严重缺陷，也表明有必要加强国际合作，通过国际社会共同努力，制定有规则、有执行、有监督的国际网络管理法。美国不但在信息技术领域处于全球领先地位，还掌控着全球大部分互联网资源的关键基础设施，比如全球的 13 台根服务器，有 10 台在美国。美国不仅拥有网络域名的专控权和否决权，还拥有世界互联网高速公路的主干线，任何国家和地区的支干线间的通信都要经过美国的主线。总部设在美国的非赢利机构——"互联网域名与地址管理机构"代表美国管理着全球的互联网。美国政府通过这一机构掌握了对域名和地址的封疆权，管理并控制着全球互联网。对此，欧盟信息社会和媒体总局局长沃尔夫曾以美国和亚洲为例说明了网络空间疆域分配严重不均的问题。他指出，美国2亿多人口，却拥有20亿地址，占已经分配地址的67%平均每个人有9个IP地址。而亚洲，人口占世界人口的56%，被分配的IP地址只占全球IP地址的9%。中国每个人只有0.06个地址，印度每个人只有0.006个地址。这使得世界其他地区的人们不可能享受与美国同样的网络机会。当全世界希望将国际互联网变成国际公共物品时，美国却极力坚持对国际互联网的控制。美国一直反对域名系统根服务器的多元化。针对俄罗斯、中国、巴西等国在世界信息社会峰会上要求将互联网的管理权移交给联合国的提议，美国参议院表示联合国和其他国际组织均不得控制互联网。对于国际网络空间的事务，国际社会的每个国家都应该享有同等的权利参与管理，分享成果。因此，现有互联网秩序中的这些妨碍世界各国平等参与的规则和现状都是需要改变的。

3. 自主管理本国网络的原则

信息主权作为国家主权的重要内容，虽然具有信息时代的特点，但也具有国家主权的属性。根据国家主权对内最高、对外独立的特性，主权国家拥有依照本国国情、法律、道德和文化等自主管理本国网络的权利，其他国家和组织不得随意剥夺或任意干涉。

在当今信息时代，互联网管理是普遍性和特殊性的统一。一方面，网络具有全球性，网络技术是有同质性，网络伦理和网络管理也具有某些人类共同性，每个国家都可以借鉴其他国家一些好的、具有普遍意义的互联网管理理念和方式。但另一方面，网络伦理和网络管理又具有社会历史性。世界各国的国情不同，互联网普及程度不同，经济社会发展程度不同，文化传统和社会关切不同，法律规定不同，因此，管理互联网的方式，各国不可能也不应该完全一样。保障网络信息安全和自由流动，不可能用一个标准来衡量，用一个法律来规范，用一个模式来治理。例如，在多民族国家，网络管理者会禁止煽动民族仇恨，破坏民族团结的信息，但在单一民族的国家这一点可能就不是网络管理的重要内容。依据本国国情自主管理本国的互联网是主权国家的基本权利。对于有的国家一边自己严格控制国内网络，一边却要求其他国家建立"网络自由乌托邦"的现象，美国有学者做了如下解释："美国遵循着信息流动自由的法则，表面上高举人权的旗帜，实则只为迫使他国解除管制，让美国商业媒体和高科技公司的产品长驱直入，侵占更多的民族文化空间罢了。这一现象，有时候被人们称为'可乐殖民主义'。"

（二）确认参与治理的法律基础

现有的国际互联网秩序缺乏必要的法律基础，国际网络空间的侵权行为很难规范。因此，完善国际互联网秩序必须以新的国际法形式加以确立。国际社会应当通过国际互联网立法来规范网络空间的行为，限制网络霸权，维护国际社会各成员在网络空间的基本权利。现在国际社会的很多成员都认为由联合国主导来制定国际互联网公约的决议应该提上日程。2011 年 9

月 12 日，中国、俄罗斯等向联合国提交了题为《信息安全国际行为准则》的文件，并呼吁世界各国在联合国框架内就此展开进一步讨论，以尽早建立规范各国在信息和网络空间行为的国际准则和规则。但美国不愿意接受这种新提议。2012 年 12 月，当 150 个国家在阿联酋的迪拜就国际电信联盟管理国际网络空间的条约进行多边会谈时，美国毫不犹豫地拒绝了由国际电信同盟取代互联网域名与地址管理机构管理互联网的任何提议。可见，要确立网络空间的国际立法并制定新规则还有很长的路要走。

（三）创建和谐的组织架构

完善国际互联网秩序，还需要确定新的组织架构。因为任何国际秩序要运转良好都需要由具有国际公信力而且世界各国在其中都有平等机会参与的机构来进行管理。中国国务院新闻办公室发表《中国互联网状况》白皮书指出："中国主张发挥联合国在国际互联网管理中的作用。支持建立一个在联合国框架下的、全球范围内经过民主程序产生的、权威的、公正的互联网国际管理机构。"这是许多国家的共识，但也遭遇了巨大的阻力。2011 年 5 月，主管通讯与信息事务的美国商务部助理部长劳伦斯斯特里克林明确表示："美国坚定不移地反对建立一个由多个民族国家管理和控制的互联网管控结构。""我们不会用类似于联合国的契约政体来替代现有的制度。"但"棱镜门"事件中披露的美国的所作所为再次让世界对美国失去了信心，因为美国不是利用手中的优势去维护互联网世界的公平，而是利用手中的钥匙去随便开启别人家的门。因此，世界各国应该利用这一契机积极商讨，在国际网络空间的组织架构方面达成共识，从而能够进一步规范和完善国际互联网秩序。

# 第十章

## 大数据时代数据保护的立法可行性探究

### 第一节　尽快出台个人数据保护法

#### 一、个人数据保护法的制定

（一）立法模式的多元化选择

通过比较法视野下的个人数据保护立法模式的考察，可以发现在全球范围内，传统的大陆法系国家包括英美法系中最具影响之一的英国都采用了统一立法模式，同时在现实立法中最初效仿美国进行分散模式立法保护个人数据权益的国家，后来也纷纷调整转向统一立法。统一立法模式的前提是在个人数据权保护中首先设定一个个人数据保护的基本法，在充分考虑到个人数据特征和个人数据权益需求的基础上，不仅对公共机关的数据利用行为作出规定，而且对私法主体也就是个人的数据的利用和保护义务作出规定，并且考虑到数据处理行为的内在联系，实现个人数据保护上的标准一致。同时，考虑到我国现有法律制度的更新方式和立法传统，首先制定出一部基础性的个人数据保护法，再进行细分制定具体的规则，更加符合我国的实际，因此，应当在原则上采用统一立法模式制定专门的个人数据保护法，同时兼顾其他模式的优势，在多变、专业的数据利用中发挥行业组织专业化的优势，促使其参与到个人数据保护的立法之中，取长补短，建立多元化的个人数据保护体系，其原因如下：

1. 个人数据保护法应采用统一立法模式

（1）基础立法规定能够对制度规定起到统领作用。个人数据保护法是对个人数据领域的各类保护规则的总则和一般规定。个人数据保护法规定的是个人数据保护领域最核心的问题，而单行规定则针对特殊领域进行保护，这就为单行立法和行业规则的制定提供了方向，保障了个人数据相关立法的统一。任何复杂规则的系统化实现都必须有基础立法的规定，如合同法、侵权法都由债法总则进行一般性规定，而债权法、物权法都应当符合民法总则的基本要求。大数据时代已经到来，在对个人数据进行法律保护时，影响的主体不仅包括了个人，还包括了行政机关、社会组织，涉及的改变不仅影响到民法领域，还包括刑法、行政法、劳动法等法律领域。因此，对这些复杂的法律关系、多部门的法律规范进行统一的协调，进行基本法意义上的个人数据权保护法不仅是法律权利位阶上的需要，还是法律规定得以避免冲突、重复的需要。

（2）统一立法有利于实现立法效果。从采用统一模式立法的国家立法后的事实效果来看，统一立法更有利于某个数据管理机关在数据管理中进行全面的职责履行，从而实现系统的个人数据保护。个人数据的保护同时跨越了公共管理领域和私权保护领域，但是两者在价值取向和目标上是一致的，公共管理是为了实现个人数据的有效利用和防止损害个人数据权利人利益情况的发生，私权保护领域是为了要利用个人数据创造价值并维护私权主体的个人数据权益，总的来看，二者的终极目标都是为了实现个人数据权的优化配置和利益实现，而并非行政效率的改善。同时，在进行个人数据保护时，无论是采用统一立法还是采用分散立法的国家，不区分公法保护还是私法保护所采用的个人数据保护相关原则都是一致的。因此，个人数据保护采用统一的立法模式可以跨越公法和私法的界限，而不必拘泥于传统公私法律的划分，无需制定个人数据管理性规范和个人数据应用性规范，在一部基本法中就可以规定基础的数据使用和数据权利，实现数据权利保护和数据应用，可见采用德国统一交叉的立法模式是合适的，也适应了数据发展的趋势。

但是值得注意的是，个人数据保护法从本质上来说是一部规定私权为主的法律，其权利的本源来自于个人人格权，个人数据所承载的是数据主体的人格权益和财产权益，法律基于发展和包容性，对具有人格尊严和自由的尊重应当确认自然人享有的个人数据权，实现个人私权的保护，个人数据保护法自然要以个人数据权为核心，其规则设置也应当体现为对数据主体自由意志尊重的任意性规范，个人数据保护法中的管理性规范只是为了实现个人数据的保护而对公权力机关的职能和起到的作用进行一定的维护，并进而划清在个人数据利用中公权力机关权力边界，防止利用其滥用职权进行个人数据的采集和处理，这种规制行为并不能将个人数据基本规范变成公法规范，因此个人数据权保护法不是一种超越了公私法律划分，而规定一个领域内权利义务关系的"领域法"，而是以人格权为基础对个人数据进行规定的"民事单行法"。

2. 借鉴"安全港"模式

在个人数据权统一立法的模式下，还应当参考"安全港"模式的优势，发挥行业组织自律规范的能力，使自律性的规范成为法律规范的有力补充，从而使得数据采集主体尤其是商业主体能够更好地对个人数据权进行维护。立法模式要求通过法律实现对个人数据的调整，而"安全港"模式通过行业规范实现目的。法律具有稳定性，而制定出的立法有可能会产生新数据变动之间的矛盾，行业规范恰恰能够弥补立法模式的缺陷，具有相当的灵活性，通过适时地进行调整，既能够实现个人数据处理的合法目的，又能够兼顾行业自律专业化的特点。有条件地对行业规范进行一定程度的认证，获取一定的法律地位，既可以发挥法律强制力的效果，也可以兼顾数据行业专业化的特点。

(二) 保护内容上的创新路径

1. 数据利用阶段的个人数据保护——从下游到上游

曾经有美国法官在审理垃圾邮件侵权案件时，轻描淡写地说"从邮箱到垃圾箱的距离也没几步路"，同样也有人质疑，为了对抗数据信息网络而构建个人数据制度是否得不偿失，毕竟眼前看到的对个人数据保护制度构建的法律体系的投入和对数据发展造成的阻碍与远期个人数据开发可能造成的损害相比，显得虚幻遥远。正是基于此，有学者提出不对个人数据的处理进行管制，而之争对"下游"——个人数据利用，在可能对个人权益造成损害时才进行管理。如对电话营销来说，不针对获取电话号码、个人职业和收入状况的数据采集进行处理，因为此时并没有直接造成对个人权益的损害，而是针对电话营销开始利用个人数据的行为进行处理，这种管控理念即为"下游"管控，而所形成的立法则为"下游"立法，即对利用数据"进行的加害行为"的规制。这种否认了个人数据权可以作为一种独立的权利，与个人数据保护的趋势是相悖的，顽固地坚持侵害行为必须作用于现有人身利益至上，拒绝了对更加关键的数据采集和处理阶段的个人数据保护，是依靠传统私法制度进行的数据保护；相对而言，"上游"数据保护是指对采集和处理数据的初始阶段就进行数据保护，并将个人数据保护贯穿整个数据利用阶段之中。个人数据权的确立应当事先完成从"下游保护"到"上游保护"的重心转移和全面涵盖。

个人数据保护制度在出现之初专门是为了防止个人数据滥用造成的隐私、名誉的侵害，"下游"立法就开始设置对其进行规制，而数据的发展远远超出了人们的设想。人们对"上游"权益的保护愈发重视，对"上游"立法的需求也就越来越迫切。对于现行立法的内容规定上，美国还多停留在"下游"立法的水平，在美国很多时候只有权益实际受损时才可以寻求救济，而对数据权益保护要求更高已经越来越体现出"上游"立法的特色，如果个人数据的采集、处理本身就有引发权益损害的风险时，即可进行保护，但美国和欧洲的划分并不是绝对的。

个人数据实现"上游"立法与"下游"立法的并重，可以相互补充，从而解除个人数据采集和利用整体程序中，对个人生活造成损害之虞。上游立法解决的是根本性的、全局性的问题，如数据权人有哪些权利、哪些数据构成受法律保护的个人数据、个人数据采集处理的法定规则，而下游立法是为了做到对数据权益保护更有效率的执行规范，尤其是对个人数据权益维护的执法工作的规定，需要下游立法展开，下游立法针对个人数据保护的具体问题，反应更加直接迅速，当下游立法对有害的个人数据处理行为进行限制和禁止之后，上游立法的任务就纯粹为一种权利和制度设计——个人数据资源享有和利用规则。

2. 数据利用范围的个人数据保护——从内容到方式

过去对个人数据相关权利的保护主要以数据内容的划分为标准，在个人数据保护规范之中列举常见的个人数据信息明确立法保护的范围，以内容为标准上对其进行特定的保护，符合个人数据权定义在个人数据保护规范的范围之内。这种保护范围的方式最为传统，符合一般法律规则的要求，但是个人数据权的保护从来都不是静止的，数据的影响力也从来都不是单纯的与数据内容有关，数据的价值与数据的传播方式、范围和载体有关，一个数据信息在某种环境由某些主体的控制下可能是数据垃圾，而在另一种环境下则具有巨大的价值。仅仅以数据内容为数据保护法的内容并不能对数据实现周延保护，尤其是在大数据环境下，使得数据采集利用方式更加多样，传统以数据内容为规制对象的缺陷越发难以忍受，因此不得不做出调整。

欧盟的立法已经突破了原有的单纯以数据内容规制范围的个人数据权益保护。在欧盟 1995 年颁布的《个人数据保护指令》中，法律调整的范围扩展到了一切与个人相关的"可识别"

的个人数据，数据的收集、处理和利用方式也成了该指令考虑的对象。至此，数据的保护内容和方法，不仅局限于禁止对数据本身的取得和泄露，还包括了数据处理阶段的保护。因此，在个人数据保护法之中，应当既关注数据本身的内容，又将数据的处理和利用方式考虑在内，也就是说个人数据保护法应当实现从内容到方式的全面覆盖。

3. 数据权益平衡的个人数据保护——从归属到流转

考察各国个人数据权保护法的立法重心，在于在数据使用过程中各方拥有的权利和义务。专家和媒体不断告诉我们，要有安全意识，不要随意使用自己的个人数据，微信朋友圈里也不断被人转发着"如何保护个人信息""个人数据保护十法""震惊了，你的个人信息就这样被偷了"……谷歌前任 CEO 埃里克·施密特（Eric Schmidt）甚至断言"如果你有什么事不想让任何人知道，也许首先你就不该做它。"普通人和社会公众人士的个人数据在大数据环境下的保护情况，并不存在社会阶层上的区别，"棱镜计划"同样监视了世界上最有权势的政要，"邮件门"同样使政府官员的加密邮件被无限制查看。个人只要在社会上活动其个人数据就会被人采集和利用，尤其是很多关键证据都被政府机关掌握，在无法避免不透漏自己数据信息的前提下，简单的规定个人数据属于谁，谁拥有支配权或者决定权，而不涉及数据处理和利用合理规则，都是推卸立法上的责任。

与其他人格权或者财产权的规范不同，个人数据权的法律保护制度，不仅关注个人数据的归属，还关注个人数据的流转及流转中产生的权利与义务。个人数据保护制度，提供了个人数据采集、使用和删除的规范，还承认了数据主体在允许别人使用数据后对数据依然享有的权利。个人数据的特性决定了其不可能与物质财富一样，无论何时、何地都是权利人的私人事务，而是基于这样一种社会共识：每个人都愿意交流，都愿意成为社会的一分子。个人数据保护法就是设立这样一种规则，便于数据的交流。正因如此，数据权益保护法不仅是一个数据权益归属规范还是数据权益流转规范，数据的归属和流转都是数据权益的主要内容。

## 二、个人数据保护的刑事责任

### （一）颁布前置法

公民个人信息集多重价值于一身，主要包括信息的财产利益、信息主体的人格尊严、公共利益以及国家安全等价值，同时相对应的这些价值都需要通过对公民个人信息的有效保护来实现。而且，就犯罪性质的层面而言，我们应当按照罪刑法定原则来对待对个人信息进行侵犯的犯罪行为，即侵犯公民个人信息的犯罪应当是法定犯，违反相应法律法规是侵犯公民个人信息的行为构成该罪的前提。可见，我国在相关前置法缺失、公民个人信息概念、范围界定不明的情况下，制定专门立法已势在必行。

第一，要加快颁布实施《公民个人信息保护法》。事实上，我国政府早在多年前就开始着手制定《公民个人信息保护法》，也于 2003 年完成了相关的草案。其中共六章 72 条，包括：第一章内容为总则；第二章内容为政府机关的个人信息处理；第三章内容为其他个人信息处理者的个人信息处理；第四章内容为法律的实施保障与救济；第五章内容为法律责任；第六章内容为附则。然而由于种种原因，全国人大当时并没有将该草案纳入立法规划当中，认为需要进一步研究论证，然后根据实际情况再进行决定。之后，相关的立法议案曾经在人大等会议上被代表们屡次提及。比如在政协会议上，委员李世杰就曾经明确表示对于我国来说制定颁布《个人信息数据保护法》已经十分迫切，国家必须要给予足够的重视；在 2008 年的两会上，委员何悦的提案就是关于制定《个人数据保护法》的内容，但是这些代表的议案都石沉大海，相应的回应也十分模糊。从整体来看，这是一部完整的个人信息保护法，只是在公民个人信息概念界定方面学界，存在较大争议。所以，笔者认为，我国应借鉴域外成功经验（如日本），解决争议问题后，立刻制定适合于我国国情的《个人数据保护法》。

第二，通过《个人数据保护法》明确界定公民个人信息的概念和范围。侵犯个人信息罪的犯罪对象是"公民的个人信息"，以之为对象的行为是否入罪应由其内涵、外延直接决定。《个人信息保护法》属于专门保护公民个人信息的法律，其中应明确界定公民个人信息的内涵。随着社会发展，个人信息也一直随之进行不断地更新，很难对个人信息作出一劳永逸的固定解释。笔者认为，对于个人信息的概念可以采用并存的两种方式进行界定——即"下定义"与"列举"。对刑法所保护的公民个人信息的性质，通过下定义的方式予以明确，并且通过定义界定其所体现的刑法价值，这种方式既要对信息主体的主观意愿进行考虑，还要考虑社会对该信息的评价；同时，法官能更好地通过开放式的列举，明确所举例子的特征，也能够使个人信息在刑法中规定的概念与社会发展程度相适应，实现自我更新，合乎对刑法形式的弹性要求。

第三，《个人数据保护法》在颁布实施后，在对公民个人信息概念及范围进行明确的同时，还应与民法、行政法等相关前置性规定相衔接。前置性立法的制定需在对公民个人信息保护现状进行深度剖析，在发现并找到解决问题的答案的基础上，与现有前置性规定相结合。这样不仅可以避免法与法之间的"背离"，还有利于我国公民个人信息保护法律体系的建立。

（二）完善"侵犯公民个人信息罪"

1. 明确"情节严重"的标准

无论是规定于《刑法修正案（七）》中的"出售、非法提供公民个人信息罪""非法获取公民个人信息罪"，还是《刑法修正案（九）》修改后的关于侵犯公民个人信息罪的罪状，其中对犯罪情节认定都有一个共同的要求，即所谓"情节严重"。仅从语义学角度来说，"严重"一词是一个模糊词语，如果刑法条文不能对其进行明确的解释，势必会在司法实践中导致难以统一界定罪与非罪的结果。笔者认为，判断情节是否严重应当从以下几个方面进行界定：

第一，实施行为的主体。国家机关或单位的工作人员基于其工作的特殊性，经常有接触大量公民个人信息的机会，而往往这些信息直接关系着公民的切身利益，一旦这些特殊主体实施侵犯公民个人信息的犯罪，造成的损害后果将会远胜于其他主体实此施类犯罪，会给公民个人利益造成较大的伤害。因此，笔者认为应当将实施行为的主体是否具有特殊职业身份作为认定是否符合"情节严重"的标准之一。

第二，获取信息的手段。随着社会的不断发展、科技的不断进步，获取公民个人信息的手段也越来越多。纵观司法实践中的众多案例不难发现，有些不法分子获得公民个人信息的手段是通过购买，而有的不法分子为了获得公民个人信息却采用了暴力、威胁、窃取等手段。不法分子采用粗暴的手段获得公民个人信息的行为，不仅侵犯了公民的个人信息权，还会在一定程度上使公民的精神、财产遭受损失。因此，笔者认为应当将获得公民个人信息的手段纳入衡量体系，作为判断"情节严重"与否的标准之一。

第三，非法获取信息的隐私程度。我们发现，为了获得在社会中活动的一些便捷，公民在一些特定时间会自愿通过国家机关或单位将自己的个人信息向社会予以公布，这部分信息的公开符合公民的个人意愿，是为了便于国家对公民实施管理，符合社会公共利益，一般不会给公民个人造成损害。即使不法分子窃取了这部分信息，因为其内容中隐私性较弱，一般不会给公民造成较大损害。相比较而言，每个公民都有一部分不希望被他人所知悉的个人信息，通常还会采取特别的措施将这部分信息保护起来，以免他人获得。如果这部分信息被他人在违背公民个人意愿的情况下加以侵犯，往往会给公民个人造成较为严重的伤害。也就是说，公民个人信息的隐私程度越高，与公民个人的联系程度也就越紧密，一旦这部分信息被他人所侵犯，给公民造成的伤害也就越大。因此，笔者认为应当将"非法获取的信息的隐私程度"作为衡量"情节严重"的标准之一。

第四，实施行为的次数。一般来讲，同一犯罪主体越是多次实施同一种犯罪行为，其主观恶性也就越大。同时，多次的不法侵害也会给国家对公民个人信息的管理秩序造成极为恶劣的影响。因此，笔者认为实施犯罪行为的次数也应当作为衡量"情节严重"的标准之一。同时可以参考我国的现行刑法中对盗窃行为次数的认定，将"多次"评价为 2 年内实施同一行为 3 次以上。

第五，公民个人信息的用途。有的人获取他人的个人信息仅仅是为了满足自己的好奇心，在这种用途下，非法获取的个人信息一般由小部分人掌握，扩散范围有限，这种程度的泄露对公民造成的伤害也比较小。另外一些人获得公民个人信息则是出于商业目的，有的甚至是为了实施违法犯罪活动。例如，向获得的公民的手机号码中发送各种广告推销短信，或是利用掌握的公民个人信息实施诈骗、勒索等违法犯罪行为。这种用途一般会导致公民个人信息大面积扩散，甚至给公民造成经济与精神上的双重损害。因此，笔者认为非法获取公民个人信息的用途也应当作为衡量"情节严重"的标准之一。

第六，侵犯行为的获利情况。"信息社会，最贵的就是信息"。现如今，公民个人信息已经可以被不法分子作为商品进行交易以获取利润，或者通过操控个人信息达到某种特殊的目的，从而获得不法分子追逐的利益。由此不难看出，侵犯公民个人信息犯罪具有典型的牟利型犯罪的特点。面对不断升级的巨大利润诱惑，不法分子在通过侵犯公民个人信息以获取利益的积极性也水涨船高，此类犯罪的犯罪率也随之不断增加。因此，在笔者看来，把通过此种犯罪获得的利益多少作为衡量"情节严重"的标准之一应为可行之举。在笔者看来，如能参考比照我国现行法律中有关获利金额的相关规定（盗窃、诈骗等），将侵犯公民个人信息获利 2000 元以上的认定为情节严重，则较为合理。

总而言之，笔者认为，无论在判断侵犯公民个人信息犯罪的行为是"情节严重"还是"情节特别严重"，"质"都必须是主要的衡量依据，"量"则是一个辅助因素，只有将"质"与"量"有效结合起来，这一入罪标准才能在司法实践中为法官提供公正裁决的参照，从而保障司法的公正性。

2. 合理设置法定刑

第一，主刑配置方面，可以依据不同的犯罪主体配置不同的主刑。刑法第 253 条之 1 第 2 款中规定了"违反国家有关规定，将在履行职责或者提供服务过程中获得的公民个人信息，出售或者提供给他人的，依照前款的规定从重处罚。"即立法者对实施侵犯公民个人信息罪的普通人与具有特殊资格和身份的人的量刑进行区别设置，但是笔者认为同为具有特殊资格和身份的人，他们之间也存在差异。具有国家机关工作人员身份的人，其如果实施了侵犯公民个人信息的行为，所造成的危害、侵犯的法益要比提供服务的主体大得多，而在法律规定中却对两种不同身份的人实施的社会危害性不同的行为进行了统一的量刑规定，未能贯彻罪责刑相适应的刑法原则，也未能很好地体现出对公民个人信息进行的区别保护。因此，应该将刑法中的主刑配置再设两个档，对社会危害相对较重的国家机关工作人员和提供服务的特殊人员加以区分，这样才能实现罪刑相适应。

此外，针对侵犯公民个人信息罪法律条文中第 1 款"违反国家有关规定，将公民个人信息出售给他人的"和第 3 款中

"对个人信息进行窃取或者以违法的手段获取的"设置了一样的法定刑的问题，结合社会危害性与侵犯法益的程度，笔者认为第3款的行为应较第一款的量刑从重。

第二，虽说无限额罚金制普遍在我国刑法条文中予以适用，但笔者认为由于侵犯公民个人信息的行为一般影响范围较大，甚至极易引发其他犯罪，故应对其相关问题均进行明晰，在加大打击力度的同时，为司法实践提供参照，形成一致的惩治合力。笔者结合自身工作实践及侵犯财产类案件的性质，认为本罪的罚金应采取限额罚金制，即对罚金数额的下限和上限进行规定，人民法院裁量时只需要在规定的数额幅度进行选择。例如，刑法第170条规定："伪造货币的，处三年以上十年以下有期徒刑，并处五万元以上五十万元以下的罚金"，也就是说，犯罪分子获利越多，上缴罚金也应越多。

（三）增设非法利用公民个人信息罪

《刑法修正案（七）》对侵犯公民个人信息犯罪规定了出售、非法提供和非法获取三种行为方式，《刑法修正案（九）》虽然将《刑法修正案（七）》中相关罪名进行了整合，但规定的行为方式仍是出售和非法提供。正如前文所述，现实生活中侵犯公民个人信息的行为五花八门，除了上述三种外，还有其他社会危害性足以入刑的侵害行为同样需要刑事法律加以规制。因此，笔者认为有必要考虑增加侵犯公民个人信息犯罪的行为方式，尤其是将非法使用公民个人信息的行为入刑。2015年"3·15"晚会中曾曝光，中国移动公司、中国联通公司的工作人员利用为客户办理电话卡业务扫描客户身份证信息的便利，以客户的信息为其他人办理开卡业务。那么，一旦卡的"使用者"出现欠费的情况，势必会影响卡的"所有人"的信用情况，甚至会给卡的"所有人"的一系列金融活动带来不良影响。从我国现行法律来看，中国移动公司和中国联通公司员工的这种行为可以被定义为违反合同规定，滥用个人信息的行为，这既不是将公民个人信息进行出售，也不是非法提供他人使用的行为，但其同样具有一定社会危害性，会带来严重的后果，故也应受到刑事处罚。综上，我们可以看出，无论从理论还是实践上，非法利用个人信息罪的设立均有其现实意义。

1. 犯罪构成

笔者认为，应该限定非法利用公民个人信息罪的主体。主体应为履行职责时合法取得公民个人信息的人。第一，本罪的主体需要有职务上的便利，即犯罪主体通过工作中的便利获取公民非公开的个人信息。第二，犯罪主体必须是利用合法途径掌握公民个人信息的人，否则便是触犯侵犯公民个人信息罪。第三，本罪的犯罪客体应为简单客体，侵犯的是公民的人格权。非法利用的行为针对的是单一的公民个人信息，对于严重侵害公民个人信息、个人隐私的行为进行预防，对于侵害行为已经造成严重后果的予以刑事制裁。第四，对于本罪而言，主观要件应为故意，但刑法规制范围之内不包含主观目的。换句话来说，凡是具有主观故意的，不论该目的是否已经实现，均不能影响本罪的定罪量刑。第五，本罪的客观要件运用不同的手段和方法对公民个人信息进行非法利用。在公民个人信息的所有者没有允许的情况下，为了自己的私人目的而对公民个人信息进行非法利用的，均构成对公民个人信息的非法利用。具体利用的手段、方法、范围可以包括威胁、挟持、恐吓、冒用等。

### 2. 法定刑的设置

首先，笔者认为，由于非法利用公民个人信息的犯罪主体系特殊主体，即非法利用公民个人信息罪系身份犯。因此，我们除了要考虑自由刑、罚金刑的惩处手段之外，还应适用资格刑来对犯罪人进行惩处，也就是将行为人的部分权利剥夺。就现阶段而言，我国资格刑仅限于对政治权利进行剥夺，其政治性非常强。而对于此罪而言，身份犯所体现的基本特征为借助于自身身份的特殊性，摒弃职业道德而做出触犯法律的事情。如果以禁业等方式来惩罚此类主体，能够有效地防止行为人再次犯罪。所以，笔者认为可以将禁业等措施引入资格刑当中。

其次，我国《刑法》第5条明确规定，刑罚的轻重，应当与犯罪分子所犯罪行和承担的刑事责任相适应。不管配置何种法定刑，都要严格按照罪责刑相适应的原则进行，侵犯公民个人信息类犯罪也不例外。故对于非法利用公民个人信息罪的量刑幅度可以根据非法利用行为对信息主体造成的危害程度来设定。

综上所述，笔者认为应当将非法利用个人信息罪增设到《刑法》条文当中，即第253条之二："履行职责或提供服务过程中合法取得公民个人信息的人，未经授权而利用他人个人信息的，处二年以下有期徒刑或者拘役，并处或者单处罚金。犯本前款罪的，可以剥夺其相关从业资格和任职资格。本罪，告诉才处理。本法另有规定的，依照规定。"

### （四）完善侵犯公民个人信息犯罪的追诉方式

根据《民事诉讼法》《刑事诉讼法》《刑法》等法律规定，

为依法惩治拒不执行判决、裁定犯罪，确保能够顺利地执行法院的判决和裁定，使申请执行人的合法权益得到充分的维护，就审理拒不执行判决、裁定刑事案件适用法律若干问题，最高人民法院于 2015 年 7 月 20 日公布了《关于审理拒不执行判决、裁定刑事案件适用法律若干问题的解释》。该《解释》第 3 条规定部分拒不执行判决、裁定罪案件可采用自诉方式加以追诉。此《解释》自实施以来，在全国掀起了惩治拒执"老赖"的新高潮，不仅维护了司法权威，更切实地震慑了一批被执行人，使部分申请执行人的合法权益得到了实现。这是为解决"执行难"问题出台的新规定，同样也为侵犯公民个人信息犯罪"追诉难"提供了指引。

目前，从各国（地区）的情况来看，主要通过三种不同的方式来追诉侵犯公民个人信息行为的刑事责任。第一种是在英国等国家所采用的公诉方式。英国于 1984 年出台的《数据保护规定》中明确规定："除非通过注册会员或检察长或经检察长同意，本法规定的犯罪均不能被提起诉讼。"第二种是在我国台湾地区等所采用的自诉方式。台湾地区于 1995 年 8 月 11 日颁布实施的"计算机处理个人数据保护法"第 36 条中规定："本章之罪，须告诉乃论。"第三种是丹麦等国家采取的公诉并辅以自诉的方式。《丹麦刑法》第 27 章第 275 条规定："上述犯罪应当以自诉形式提起诉讼，但若依被害人之请求，可以提起诉讼"。根据我国《刑事诉讼法》第 204 条规定，自诉案件主要包括：告诉才处理的案件，如侮辱、诽谤案（《刑法》第 246 条）、暴力干涉婚姻自由案（《刑法》第 257 条）、虐待案（《刑法》第 260 条第 1 款）、侵占罪（《刑法》第 270 条）等；被害人有证据证

明的轻微刑事案件，即犯罪事实、情节较为轻微，可能判处 3
年以下有期徒刑以及拘役、管制等较轻刑罚的案件，如故意伤
害之轻伤案（《刑法》第 234 条第 1 款）、非法侵入住宅案
（《刑法》第 245 条）、侵犯通信自由案（《刑法》第 252 条）、
重婚案（《刑法》第 258 条）、遗弃案（《刑法》第 261 条）等；
被害人有证据证明对被告人侵犯自己人身、财产权利的行为应
当依法追究刑事责任，而公安机关或者人民检察院不予追究被
告人刑事责任的案件。

　　从上述自诉案件中我们不难发现，它们一般受侵害的情况
或具有私密性或较为轻微，而从本质上来说，对于公民个人而
言侵犯利用个人信息案同上述案件一样，均具有私密性和轻微
性的特点，即侵犯公民个人信息犯罪符合自诉的条件，将自诉
追诉方式纳入侵犯公民个人信息犯罪的相关规定当中存在合理
性。此外，行为人在侵犯个人信息的同时，也很可能会涉及侵
犯社会秩序甚至损害到国家利益、社会公众利益。所以，笔者
认为，一方面应把自诉作为对侵犯公民个人信息的犯罪进行追
诉的主要方式；另一方面，当侵犯公民个人信息的行为对社会
公众利益、国家利益造成了严重危害的情况的，也应采用公诉
的形式对其予以追诉。这种以公民自诉为主，并辅以公诉的追
诉方式是完全符合刑法谦抑性的要求的，而且可以极大程度上
节约司法资源。换个层面来看，被害人也可以参与到自诉追诉
方式的过程中，这从某种意义上来说能够使社会矛盾得到及时
地化解，在一定程度上也能够起到维护社会稳定、促进社会和
谐的积极作用。

### 三、个人数据保护的行政责任

（一）确立信息管理部门与个人信息主体权利与义务

1. 规范政府信息管理部门权力和职责

在公共管理活动中，为保护好公民个人信息的安全，必须对政府部门及其工作部门所享有的采集、储存、加工和使用个人信息等权力加以限定，并提出政府部门及其工作部门在保护公民个人信息安全所承担的责任。

（1）政府应成立专门的工作部门，简称个人信息部门。该部门负责收集、管理个人信息，并且应当对该机关的职责进行明确的规定，同时还规定该部门在必要时有权将收集到的个人信息进行公布，这里可以借鉴《加拿大隐私法》中的规定，即只有信息部门的负责人认为透露某人的信息是公共利益的需要或涉及的信息对个人有益时，才可以透露。

（2）个人信息部门有权在法律的规定范围内，收集公民的个人信息。收集公民的个人信息要求政府或者工作部门只能收集工作所必需的个人信息，而不是毫无节制地将所有的个人信息收归所有。同时，收集信息必须按照法律的程序进行，只能由政府工作人员向信息个人进行收集，而不能通过第三人收集。

（3）个人信息部门可以因国际事务、国防、司法等理由拒绝查看个人信息。此外，如果个人信息部门认为某些信息被查看后，将对政府机关的工作和社会的安全造成不利的影响的，也可拒绝某些人的要求。同时，该部门针对的个人申请获取他人的信息，应当有个人信息所有的授权证明，这样才有利于保护数据信息所有权人的权利。

（4）个人信息部门必须采取一切措施保护个人信息的准确、完整和不过时。个人信息的准确、完整和不过时对个人信息的利用者有重要的意义，因此，个人信息部门应当定时进行数据的回访，向原个人信息所有人核对信息，并将有出入处加以修订，以便更好地提供服务。同时，如果被收集里个人信息的个人，要求看到关于自己的个人信息，并要求改正其中的不确切的部分的，该部门有义务提供相应的服务。

（二）确立个人信息所有权人的权利和义务

（1）确立个人信息的法律地位。一是确认隐私权的法律地位。隐私权作为是一项很重要的权利，却尚未在我国的民法中出现其概念。二是归入名誉权之中。我们应该尽快地对隐私权和个人信息权利进行确认，同时尽快地出台全国性的保护个人隐私的权利和个人信息安全的法律，真正地让所有人有法可依。

（2）公民享有信息知情权。公民应享有知悉个人信息收集人的身份、收集的目的、使用的方式、个人信息转移的可能性以及个人信息保管的情况等知情权。个人信息所有人针对个人信息部门提出收集个人信息的要求，应该给予配合。但同时他也有权知晓有关收集的各类信息，并且有权提供法律规定范围内的个人信息，对于个人信息机关超出法律的范围或者不依法定的程序进行的收集可以予以拒绝。

（3）公民享有信息决定权。这是指公民有直接控制并支配个人信息，根据自己的意志来决定自己的个人信息是否被收集、处理、与利用以及是否将个人信息提供给第三方，提供哪些个人信息、对此个人信息如何使用限制等情况的个人信息的控制权以及查询、修改个人信息的权利。

（4）公民享有信息赔偿权。当个人信息被非法收集或者不当收集、使用等时，一方面，公民有权对非法获取、使用、披露个人信息的政府机关、公民和其他的社会成员提起诉讼；另一方面，个人信息部门如果不按照法定范围和法定程序进行个人信息收集和管理也应当承担相应的法律责任。

（5）公民享有信息更正权。这是指公民享有请求行政机关对于不正确、不全面、不真实、不时新的个人信息进行更正和补充的权利。因为错误的个人信息会给个人形象带来损失，也会使行政机关作出于自己不利的错误的行政决定。

（三）健全个人信息保护相关制度

1. 建立救济的制度

"无救济则无权利"。这表明必须在个人信息行政法保护过程中，建立相应的救济制度，使信息本人合法的权益得到切实的保护。因为个人信息系统一开始运作就有社会的性质，就会构成相应的社会问题，发生相关的争议和纠纷。同时由于政府的行政管理行为和活动的开展会导致公民的合法权益受到侵害，包括对社会利益的各种侵害。也就是必须提出解决争议和纠纷的问题，实现公民在个人信息受到侵害后获得救济。

具体可从以下几方面入手：

（1）建立相关的解决争议的机制。在现实生活中，有关的争议主要发生在行政机关和公民之间，其中发生在行政管理机构和被收集信息的公民之间或者信息主体个人信息更正权和信息赔偿请求权不能有效地行使时，行政机关对信息主体的公开、修改其个人信息的申请被拒绝或者是不予答复的，其拒绝行为就是不作为的行政行为。根据我国行政法律规范体系，可以依据《行政复议法》《行政诉讼法》《国家赔偿法》等，通过行政和司法程序解决。

（2）如果信息管理部门工作人员违反法律规定，应给予行政处分，如果政府机关违法处理个人信息的行为，政府信息管理部门责令其改正，情节特别严重或者逾期不改的，对直接责任人和相关的责任人依法给予行政处分。

（3）如果信息所有人认为其他的组织或个人违反法律规定，侵害了个人信息权利，可以向信息管理部门举报，信息管理部门可以依法对举报的信息进行受理，根据举报的情况进行执法检查，并要求信息处理者报告自己的收集、利用、处理信息行为，信息部门依法对信息处理行为进行依法审查，如果属实，可以采取警告、罚款、吊销营业执照或者许可证等行政处罚或查封、扣押、冻结等行政强制措施；建立保障救济实现的机制，在现实生活中，寻求救济并且实现救济是受害者等补偿的重要途径。

### 2. 行政信息公开制度

行政信息公开法、个人信息保护法和行政程序法是构成行政信息公开制度的主要法律。行政信息公开主要适用于全部的政府信息，而个人信息保护法只适用个人信息保护。行政信息公开的法理基础就是公众的知情权，公众的知情权是公民的宪法权利，是公众获得某种个人信息的要求，个人信息保护则是人们阻止他人获得某种个人信息的要求。例如美国《隐私法》中关于资料公开的内容的规定。资料的公开是指政府、法律执行机关或者是民间组织所收集的有关个人隐私方面的资料。

行政机关收集个人信息必须有公共利益的目的，并且通过行政公开体现出来，但是行政公开的过程中对于保护个人信息进行保密也是政府的义务。由此决定了个人信息是行政机关公开的必要边界。行政机关要以不侵犯个人信息为前提，以公开为原则，以不公开为例外的原则是行政公开的制度建立的基本原则。这一原则要求政府机关向社会公众公开其所掌握的信息和做出的具体行政行为，目的是满足公众的知情权。涉及纯个人信息的，政府机关不能向外公开，除非是为了公共利益和保护个人人身安全、生活和财产而有必要公开的。保护个人信息隐私是面向社会公开的不能侵犯的边界。但是这个边界也不是不能逾越，向社会公开个人信息时，必须有法律的依据和特定的目的。当然涉及个人隐私的个人信息不能向社会公众公开，并不意味对本人也是保密的，这种保密是对个人信息权的一种侵犯，因为公民拥有个人信息自决权，也就是公民拥有控制和支配自己个人信息的权利。

3. 建立个人信息侵权的行政责任和赔偿制度

行政机关在收集、处理、利用个人信息的行为过程中，造成了公民权益的侵害的，需要承担行政赔偿责任。国家行政机关侵犯个人信息行为采用客观归责原则，行政主体的违反性体现在行为的客观违法性上，即行为在客观上满足了违法性的要求，只要符合其他构成要件，该行为就是侵害了个人信息的行为。在法律后果上要承担侵害个人信息的行政责任，如果行政机关的公务员由于自己的主观过错造成的他人损失，并且构成犯罪的，则应承担相应的刑事责任。

行政机关对自己侵犯个人信息的行为规定赔偿责任。例如德国《联季数据保护法》第 3 节规定："如果数据控制人通过不为本法或者其他数据保护规定所允许的或者不正确的数据自动收集、处理、使用侵害了数据主体的利益，该数据控制人的责任机构有义务赔偿主体的损失、无论其实否过错。"我国台湾地区在"电脑处理个人资料保护法"中，规定公务机关违反本法规定致当事人权益受到损失的，应负损害赔偿责任。同时该法条规定损害赔偿，除本法规定外，公务机关适用国家赔偿法之规定。我们从台湾地区"电脑处理个人资料保护法"中可以看出，公务机关和非公务机关侵害个人信息行为所承担的责任是不一样的。行政机关对个人信息造成损害的，承担的应该是行政赔偿责任。所以，我国应当建立行政机关违法收集、处理、利用个人信息的行为，导致个人信息权利遭受到侵害的责任制度，并对侵权行为规定行政赔偿，以此来弥补信息主体的损失。

## 第二节　数据产权保护的立法设想

### 一、规范层面的建议

（一）明确数据所有权主体

数据交易是一个复杂的市场行为，涉及数据的生成主体、数据的采集主体、数据的交易平台、数据的交易主体以及政府监管等诸多主体。

在数据交易链条中，不同的主体之间分工存在不同，权利、义务也存在一定的差异。如何合理地对不同主体权责做出界定，是数据交易顺利推进的前提。契约精神是交易主体应遵守的基本原则，权属的确定则是数据交易的前提基础。

对于数据所有权归属存在不同的观点。从学者们的争议来看，其争议的焦点主要是对个人数据所有权归属的确定。对于公共数据、社会数据和商业数据所有权由数据控制者享有则争议不大。笔者认为，对于个人数据所有权的归属，应予以区别对待。因此，为了方便论述，笔者将个人数据分为两大类：一类是与个人密切关联的数据，一类是与个人关联性较弱的数据。两种类型数据的产权归属适用不同的规则。

与个人密切相关的数据包括"与生俱来"的数据和在后来社会生活中与个人生活密切相关的数据。前者包括个人的姓名、身份证号码和户籍信息等，后者主要指个人的学历信息、电话号码、银行账号等数据。与个人密切相关的数据，具有较强的人身依附性（只要知晓这些数据，就可以直接断定数据主体）。因此，对于这些数据，其所有权应由个人享有，不论是对这些数据的采集还是使用，都必须取得个人的同意并履行相应的告知义务。

对于与个人关联较弱的数据，由于其实际上处于不受个人控制的状态，游离于在社会之中，类似于处于自然状态中的事物。这些数据所有权的归属应适用"劳动法则"。对于为何特定主体对原本处于自然状态的事物享有所有权，不同的学者存在不同的观点。在众多观点中，笔者较为赞同洛克的学说。他认为人们之所以对处于公有状态的自然资源享有排他性的所有权，是因为"他们的身体所从事的劳动和他的双手所进行的工作，我们可以说，是正当地属于他的，所以只需要他使任何东西脱离自然所提供的和那个当然东西所处的状态，他就已经掺进他的劳动，在这上面参加他自己所有的某些东西，因而是它成为他的财产"。例如，人人都可以以"先占"来获取生活在自然界的动物，但对于在市场上买卖的动物却不得随意掠夺。这并不是因为市场上的动物被个人所占有而独享权利，而在于其在动物上施加了自己的劳动。劳动是享有财产所有权的基础。对于洛克的学说，有学者提出了质疑，认为现时代许多权利所有者并不是通过自己劳动而享有的，例如，继承来的财产。但正如耶林在《为权利而斗争》一书中指出，权利享有者享有的权利是权利斗争者的成果。财产的原始权利都是人类劳动的成果，任何事物也只有附加了个人劳动，才贴上了权利的标签。洛克的劳动决定所有权的观点，也得到了马克思的同意，马克思认为劳动是创造一切价值的源泉，是社会财富的基础。因此，与个人关联性较弱的数据，例如公共数据、个人浏览网页留下的历史记录以及个人交易数据，其所有权归属应是：谁在上面施加了劳动，不论是智力劳动还是脑力劳动，谁就享有所有权。

　　与个人关联性较弱的数据所有权归属之所以采用劳动决定论，主要是因为只有经过加工，施加了劳动的大数据的价值才能得以实现。因为大数据的价值不在于数据的汇集（当然数据的汇集是基础），而在于对大数据进行分析，发现数据中的潜在价值，为社会服务。例如，通过对城市不同时段车流量的分析，可以更为合理化地进行交通疏导，缓解交通堵塞现象。

　　其次，将与个人关联性较弱的数据所有权归属于个人，会使大数据产业的发展一直处于较低的水平。因为，个人作为数据所有权的主体，依照法律在大数据活动中的任何环节都必须取得个人的同意，否则就是对他人权利的侵犯。这势必会降低大数据产业的效率，阻碍大数据产业的发展。

最后，将个人作为与个人关联较弱的数据所有权的主体，实际操作难度较大。这主要是因为现如今很多数据都产生于互联网中，例如查询资料、浏览网页或者进行消费。在互联网中，个人的身份信息一般都是匿名化的，通过网上留下的信息难以识别数据产生主体或者识别成本过高。由此可见，不管是基于大数据产业发展，还是基于现实的考虑，对与个人关联性较弱的数据主体确定为对这些数据付出的劳动者更为适宜。对于采用这一原则，或许有人会存在疑问：如果两者主体都对某一数据施加了自己的劳动，该数据应归谁所有？对于该问题，笔者认为可以借鉴专利法中的制度。专利法规定，对于在专利所有权人获得专利权之前一直使用该专利的，其仍可以继续使用。对于对同一数据施加劳动，进行加工的两个不同主体，也可采用此制度，即谁先进行了权利公告，谁就享有所有权，未取得所有权的主体可以继续使用。在这里需要提示的是，通过施加劳动取得数据所有权的主体所享有的所有权是一种有限制的所有权，其权利顺位落后于用户的隐私权。

数据产权归属的确定是为了方便数据资产的交易或者流转。那么，数据资产的流转采用何种规则较为适宜？对于财产的流转规则，主要有登记生效、登记对抗和转移交付三种方式。所谓登记生效原则，是指非经登记不发生所有权变动的效力。进一步而言，交易主体除了签订物权流转协议外，还需履行登记义务，只有如此才能实现所有权流转。不动产变动一般以登记生效为原则，例如房屋的买卖。登记对抗原则，是指所有权的变动不以登记为要件，但未经登记不得对抗第三人。特殊动产的流转一般采用此原则，例如船舶、车辆等。交付主义是双方签订合同后，将标的物交付给对方即发生所有权流转的效力，不需履行其他义务。普通动产以及知识产权所有权的变动多采此种原则。从以上分析来看，不同的财产，其所有权的流转规则不同，且财产流转规则与财产性质具有直接联系。

因此，要确定数据资产的流转规则，首先应明确数据资产的性质。对于数据资产加工程度的不同，数据资产表现形式存在区别。具体而言，数据资产可分为基础数据和对大数据分析得出的成果。但不论是基础数据还是对大数据分析得出的结果，都属于无形财产的范畴。对其所有权的流转均应采用交付主义。

数据资产权利的流转采用交付主义除了与数据财产本身的性质有关外，还在于采用交付主义有利于大数据产业的发展，提高数据交易的效率。财产所有权流转规则主要有两个方面的考虑因素：一是安全价值，二是效率价值。不同的流转规则，其侧重点存在差异，登记生效主义更侧重于安全，交付主义则偏重于效率。数据对于社会的价值，使得建立数据共享机制成为各国的战略目标。我国政府也在积极构建数据共享平台，以最大化地发挥数据的价值。因此，为了让更多的社会主体能够享受到大数据时代带来的福利，不应在数据资产流转过程中对交易主体设定过多的义务，以免降低数据交易的效率。

（二）明确数据交易主体责任

责任是未履行义务的后果，欲明确数据交易主体的责任需明确数据交易主体在交易过程中应负的义务。数据交易是一个动态的过程，包括一系列环节，例如数据的收集、数据的整理、数据的清洗、数据的分析、数据应用和数据流转等环节，在不同环节主体所负有的义务有所不同，对此我们应予以明确。数据交易初端卖家的首要义务是保证自己是数据资产的权利主体，这是数据交易的前提。否则就属于无权处分。其次，数据交易初端卖家的收集行为应符合法律规定，未收集法律所禁止收集的数据。最后，数据交易的初端卖家应对敏感数据进行清洗，并进行特殊化处理。之所以赋予数据交易初端卖家如此多的义务，主要是因为数据交易的初端卖家是数据对外扩散的起点，对其进行严格把控，可以最为有效地控制数据的非法交易。数据交易中介组织包括数据处理者、数据经纪人和大数据交易平台等。大数据中介组织在数据交易过程中应履行的义务是不得将获取的数据对外扩散和按照需求对数据进行清洗、分析等。数据交易末端买家的主要义务是不得将取得的基础数据或者数据分析成果用于非法目的。

数据交易主体义务明确其目的是为了数据交易主体责任的划分更加清晰。数据交易主体的责任首先表现为交易主体之间的内部责任。由于数据交易本质上是一种合同行为，各主体之间是一种合同关系，因此对于数据交易主体之间的内部责任适用合同法不存在较大争议，数据交易主体可以依照合同法的规定追究相应主体的违约责任。然而对于数据交易主体之间是否适用《消费者权益保护法》中规定的数据交易初端卖家的责任存在较大争议。持反对意见的观点的主要依据是认为大数据产品不是消费者为了生活需要而购买的，不属于《消费者权益保护法》的适用范围。因此，数据交易的买家不可依据《消费者权益保护法》追究数据卖家的责任，进而不可使用惩罚性赔偿机制。对此，笔者认为：首先，数据交易产品，本质上属于商品，其与其他商品唯一不同之处就在于其表现形式。但这一点并未妨碍对其商品属性的认定。其次，法律将"生活需要"作为是否受《消费者权益保护法》保护的实质标准，而不是以产品的种类作为衡量依据。的确，对于一些产品，我们可以直接依据产品的种类认定买者是为了生活的需要而购买，例如个人生活用具。但对于某些产品，其是否属于"为了生活需要"还得看购买者购买产品的实际用途。大数据产品的买家不是没可能处于生活需要而购买大数据产品。例如，学生为了学习的需要购买大数据的书籍。因此，笔者认为，当个人作为大数据产品的购买主体时，其可以依据《消费者权益保护法》的规定追究数据交易初端卖家的责任，如果大数据产品存在欺诈的行为，其依法可以要求惩罚性赔偿。

数据交易主体除了可能承担内部责任外，还可能因自己的行为承担外部责任。例如，数据交易初端卖家未履行数据清洗义务，导致个人敏感信息泄露的，就属于对他人隐私的侵犯，依法应承担侵权责任。数据交易主体对外责任需予以明确时，数据交易主体对外责任应该归属于单个主体的单独责任还是多个主体的共同责任呢？所谓单独责任是指由单个民事主体承担的民事责任。共同责任是指由两个以上民事主体共同承担的民事责任。共同责任又可以分为按份责任和连带责任。一般而言，基于责任自负的基本原则，个人责任是责任承担的主要方式，只有在特殊情况下基于法律的规定或者当事人的约定，个人才可能承担共同责任，尤其是共同责任中的连带责任。数据交易主体对外责任承担也主要以单独责任为主，即谁侵权，谁担责。

数据交易对外责任虽然以单独责任为主，但并不排除共同责任的适用。在某些情况下，数据交易主体应对侵权行为对外承担连带责任。例如，数据交易主体初端卖家明知数据交易末端买家买卖大数据产品用于非法目的，还与其进行交易将大数据产品买给买家的，在这种情形下，数据交易双方对于侵权行为就应承担连带责任。还有，数据交易的卖家未对敏感信息进行清洗，而数据交易买家知晓这一情况，还将获取的大数据产品进行扩散的，数据交易双方也应承担连带责任。由此可见，数据交易主体承担连带责任主要发生于数据交易各方对相关违法行为明知的情形下。

依据调整对象的不同，可以将法律关系分为三种：民事法律关系、行政法律关系和刑事法律关系，法律责任也相应地分为民事责任、行政责任和刑事责任三大类，三者之间的严厉程度依次递进。

在解决了数据交易主体民事责任后，接下来笔者将主要论述数据交易主体的刑事责任问题。对于由于数据交易大数据产品被用于犯罪活动的，例如电信诈骗，其是否应承担刑事责任？对于此问题，笔者持肯定态度，即数据交易主体应对因大数据产品被用于犯罪活动导致他人权利被损害承担刑事责任。具体的原因有如下几个方面：

首先，对于某一行为是否应纳入刑法调整范围，进行刑事制裁，其实质标准是行为的社会危害程度。我国刑法中对于犯罪的定义是严重危害社会关系的行为。在大数据时代，数据交易卖家的行为也有可能导致严重的社会危害后果。例如，数据交易主体将涉及个人隐私的数据出卖给犯罪分子，犯罪分子利用获取的数据进行诈骗，不仅可能导致他人财产的损失，甚至会导致他人自杀等严重后果。

其次，犯罪主体除了实行犯外，还包括帮助犯、教唆犯等。这意味着承担刑事责任不以直接实施犯罪行为为前提，只要对犯罪起到帮助或者推动作用的主体，都应承担相应的刑事责任。数据交易主体将涉及个人隐私的数据提供给犯罪分子对于犯罪行为的实施起到了帮助作用，其就应承担相应的刑事责任。

最后，数据交易主体具有利用数据谋取非法利益的动机，其可能与犯罪分子进行合谋。现实中出现的个人数据泄露，除了黑客攻击外，也存在很多数据控制者故意将数据出卖给犯罪分子的情况。基于以上理由，笔者认为数据交易主体应对因自己行为所导致的危害后果承担刑事责任。接下来问题的关键就转变为，在何种情形下以及造成了何种危害后果时数据交易主体才应承担刑事责任。由于刑罚的严厉性，使得在将特定行为入刑时必须慎重。第一，数据交易主体承担刑事责任主观上必须是基于故意，包括直接故意和间接故意。进一步而言，数据交易主体将大数据产品卖给他人或者将大数据产品提供给他人，就应明知数据接受者是为了实施犯罪行为。例如，数据交易主体与他人合谋，将数据提供给他人用于诈骗。第二，因数据交易主体提供数据的行为必须造成了严重的危害后果。比如，导致他人重大的财产损失或者他人死亡。

（三）完善敏感数据清洗规范

我国最早是将隐私权归于人格权中名誉权的范畴，2009 年制定《侵权行为法》时第一次将隐私权单独作为一种权利予以保护。然而，《侵权行为法》中只是将隐私权作为一种权利进行了列举，对于隐私权的概念和范围都未进一步明确，立法部门和司法部门也未对其进行解释。这不仅导致司法实践中对隐私的把握存在差异，而且也不利于大数据清洗标准的确立。

因此，为了实现大数据清洗标准的建立，首先应制定专门的隐私保护法对隐私保护的范围进行明确的界定。隐私权法律保护范围的确定应采用何种立法模式较为合适？立法模式主要有三种：概括式、列举式和概括式加列举式。通过相关分析可知，隐私权范围的立法模式采概括式加列举式较为适宜。因为单纯的概括式过于模糊，列举式虽然较为明确但隐私权的范围并不是固定不变的，采用列举式的立法模式难以穷尽隐私权的种类。具体而言，我国在制定隐私权保护立法时，可以列举一些隐私保护的种类，例如个人身份信息、银行账户信息等，最后再设置一个兜底性条款。

在完善隐私保护立法后，需论述具体的敏感数据清洗规则。关于建立敏感信息的清洗规则，第一便是清洗义务主体的确定。这一点笔者在论述数据交易主体责任时已经做了阐释，在此不再赘述。第二是敏感数据清洗的程度。对于敏感数据的清洗程度，有学者基于保护个人隐私数据安全的理念，建议直接删除具有个体标识属性的数据。这一做法也为我国传统的经典匿名模型所采用，通过准标识属性与敏感数据的有损连接实现隐私数据的保护。但是这一方式却因影响数据利用效率而饱受诟病。因此，有学者建议应建立新的数据匿名模型，不需将敏感数据进行删除，只需要通过泛化匿名的方式，断开敏感数据与具体对象之间的连接。

对于数据清洗标准，美国法律虽然对于匿名化数据还未制定具体的标准，但其在《健康保险可转移及责任法案》中却提出了"去身份化"的概念，并规定了具体的标准，即匿名数据不可与其他数据相比较，旨在实现主体身份的识别，且不得复原。日本在《个人信息保护法》修正案中规定，允许出售充分匿名化的数据。新加坡个人数据保护委员会制定的《个人数据保护法指定主题咨询指南》指出，匿名化是指将个人数据转变为数据，且匿名化的数据必须达到不能识别到个人的标准。从国外立法来看，数据清洗需要达到的标准是不能实现主体身份的识别且不得复原。

国外立法数据清洗标准虽具有一定的可借鉴之处，但却并不完善。对于此问题，笔者认为应区别对待，应在划分数据类型的基础上决定具体的清洗标准。对于与个人密切相关的数据，在清洗过程中应直接删除。因为这些数据具有唯一性，通过这些数据可以直接知晓主体的身份等信息，数据与主体之间的联系难以分割。对于这些敏感数据应进行最为有效的保护，只有采用将与个人身份具有直接关联的数据直接删除的方式，才能最为有效地防止这些数据被恢复或者还原。对于与个人关联性较弱的数据，则可以采用断开与具体对象相连接的方式，对数据进行清洗。进一步而言，就是利用一定的技术对敏感数据予以记录，识别出隐私数据所属的个体然后利用泛匿名化的技术，断开数据与个体间的联系。对于个人关联性较弱的数据匿名化后必须达到不能通过与其他数据比较、分析识别出主体身份的程度，且不可以进行修复或者还原。

数据交易敏感数据清洗规则的完善，使数据交易主体在数据清洗过程中有了可以遵循的标准，既有利于数据交易主体数据清洗的统一，也有利于司法实践中对数据交易主体履行清洗义务是否到位进行认定，还有利于对个人隐私的保护和对侵犯个人隐私权的救济。

（四）完善数据交易监督机制

数据交易的监管是数据交易市场秩序的重要保障，具体可以分为行政监管、行业监管和社会监督三个方面。

行政监管是一种具有强制性的监管手段，是监管主体基于法律授权对数据交易主体的交易行为进行的监管。行政监管的性质决定了行政监管必须以法律明确授权为前提。因此，为了行政监督功能有效发挥，首先应完善数据交易监督的立法。进一步而言，就是制定一部大数据的法律或者行政法规，解决现在数据交易立法层级较低所带来的问题。在数据交易立法中监管应单独成章，并对三个方面予以明确：第一是数据交易监管主体的确定。对于数据交易的监管主体，是另设一个机关还是将其并入现有国家机关职能中？数据交易的对象与普通商品交易无本质上的差异，只是产品的表现形态有所不同。因此，没有必要另设一个新的国家机关对其进行监管，这与国家简化行政机构的设置的趋势相符。那么，数据交易的监管应归入哪个部门较为合适？笔者认为将数据交易的监管职责并入工商行政管理部门较为适宜。主要是因为工商行政管理机关的职责之一就是对产品流通环节违法行为进行监管，将数据交易监管职责纳入工商行政管理机关的职能范畴不会导致工商行政管理机关职能的增加。如果将数据交易监管职责归入其他部门则就相当于在原有职能的基础上给这些部门增加了新的职能。数据交易监管职责由工商行政管理部门行使，具体而言就是，工商行政管理部门可以在其内部下设数据交易监管部门，对数据交易进行监管。第二是明确数据交易监管主体的监管方式。在市场经济时代，行政监管的立法模式不能影响市场主体正常的经营行为。这也是数据交易监管应遵守的基本原则。因此，对于大数据监管主体的监管方式应以抽查为主，全面检查为辅，并规定相应主体履行配合义务。第三是明确监管主体对违法主体的制裁措施。在数据交易监管中，数据交易的监管主体发现数据交易主体存在违法现象，例如负有数据清洗义务的主体为依法对敏感数据进行清洗或者清洗不符合法律规定的标准的，监督主体可以视违法行为情节的轻重分别采取责令数据交易主体限期改正、罚款、责令停业以及吊销营业执照等措施。

数据交易监管除了行政监管外，行业监管也是不可或缺的监管措施。现代社会的法律监管和行业监管发挥着不同的作用，行业监管是法律监管的重要补充。因此，数据交易监管机制的完善离不开行业规范的建立，尤其是在法律规范不健全的情形下更是如此。数据交易行业规范主要是对数据交易主体的义务作出规定，对法律规定的内容进一步予以具体化。数据交易行业规范也分为行业规范的制定者、执行者和惩戒机制等几个方面。大数据行业规范的制定者一般是大数据产业主体自发设立的行业协会或者是大数据交易平台（类似于证券交易所），大数据行业规范的执行者是内部设立的执行机构。大数据行业规范的惩戒机制是对违反行业规范的主体予以一定的惩罚，最为严重的后果是取消会员资格。行业监管是一种行业的自律性监管，其虽然没有法律强制力，但却对行业内部主体具有很强的约束力。因为在现代社会中，人不是一个孤立的个体，可以像鲁滨孙一样生活。因此，数据交易主体一旦违反了行业规范，就会对其自身的发展产生一定的不利影响，这就产生了一种无形的强制力迫使行业组织成员较为自觉地遵守行业规范。数据交易行业组织的内部监管作用由此得以体现。

数据交易的社会监督包括媒体监督和社会主体监督两种形式。在信息化时代，媒体的舆论监督作用日益显现。媒体对违法数据交易行为的报道，不仅反映了数据交易中存在的问题和危害，还有利于推动相关立法的完善。例如孙志刚案件的报道，使存在多年的违反《宪法》的《城市流浪乞讨人员收容遣送办法》得以废除。媒体舆论监督在法治社会中意义由此得以体现。社会主体监督是社会主体对发现的违反行为到监管部门进行检举并要求监管部门予以查处的一种形式。社会主体监督是发现违法行为最为有效的途径，赋予社会主体监督权可以更为有效地规制数据交易中的违法行为。

## 二、现实层面的建议

### （一）完善市场交易机制

1. 开放数据交易个人市场

《2016 年中国大数据交易产业白皮书》报告显示，目前我国数据交易面向的主体主要是企业和政府，个人交易几乎处于真空状态。这主要是因为，现如今我国并未完全开放数据交易市场，许多交易平台不对个人开放，如贵阳大数据交易平台。然而在国外，个人则可以作为交易的主体，进行数据交易，有专业的公司向个人提供大数据产品，如向农民提供天气数据或者与农作物相关的数据。

在对大数据或者大数据产品的需求上，个人与企业和政府之间不存在区别。个人作为经济生活中的主体之一，其也对大数据产品具有一定的需求，也应享受大数据时代所带来的便利。例如证券分析师，其就很需要相应数据作为分析的基础。即使是一般的投资主体，其也需要了解投资对象的相应信息以及国家经济发展形势，对是否进行投资，何时退出投资等做出预测。个人不仅对大数据产品具有消费需求，而且个人交易还是最为频繁的。数据的个人交易虽然可能规模较小，但交易量却较大。因此，开放数据个人交易市场，必定能使得数据交易产业更加活跃，有利于大数据产业的发展。

2. 大数据交易二级市场的建立

一级市场和二级市场是证券发展的产物。证券的一级市场是证券的发行市场，证券二级市场是证券的流转市场。证券的一级市场类似于普通商品交易中的第一手交易，证券的二级市场则类似于普通商品的再次流通。现如今，除了证券存在一级和二级市场的划分外，国有土地使用权、电力等也都存在一级市场和二级市场的区别。

目前我国数据交易处于起步阶段，大数据交易二级市场的建立尚处于探索时期。笔者在此的论述更多的意义上而言也只是对大数据交易二级交易市场的建立的探索性尝试。大数据二级交易市场的建立首先应存在大数据交易平台，就像证券交易中的证券交易所一样。这一点我国的起步较早，大数据平台的建设也较为完善。目前我国已经建立了中关村大数据交易平台、贵阳大数据交易所和华中大数据交易平台等。这为我国建立大数据二级市场奠定了良好的基础。其次，为了保护大数据二级交易市场的，还应建立完善的大数据二级交易市场的规则，包括法律规则和交易平台规则。例如，大数据交易平台应建立完善的风险识别机制，对交易主体是否属于法律所禁止交易的对象进行审查等。再次，大数据二级市场交易方式应予以明确。对此，笔者认为可以采用国有土地使用权二级市场的交易模式，即通过拍卖的方式进行。而且为了提高大数据二级市场的效率，大数据产品的拍卖可以在线上进行。

大数据二级市场的建立是大数据产业发展的趋势，也是推动大数据产业发展的重要动力。在适当的时候可以先进行试点，为大数据二级市场的建立积累经验。

（二）数据主体所有权限制

在这里需要予以解释的是，这里的所有权被限制的主体专指以劳动的方式取得数据所有权的主体，不包括其他所有权主体。之所以做如此限定，是因为其他数据所有权主体对数据的所有权的享有不以任何事物为前提，例如个人对个人身份数据的所有权以及企业对企业生产数据的所有权，而以对数据施加劳动享有数据所有权的主体的所有权是建立在他人产生数据的基础上，赋予其所有权的目的主要是为了提高数据的利用价值。

《2016 年中国大数据交易产业白皮书》显示，我国数据源区块主要集中在政府部门、互联网巨头和移动通讯企业，其中尤以互联网企业巨头掌控的数据最多。这些数据控制者，尤其是后两者很有可能将数据据为己有，进而利用所掌控的数据资源的优势获取垄断利益。这就与法律赋予其享有数据所有权的初衷相违背，也与大数据时代追求数据共享、提高数据利用价值的目的不相符。①基于此，为了更为有效地建立数据共享机制，应采取一定的措施让数据所有权主体开放其所控制的数据。对此，笔者认为可以借鉴《著作权法》中的相关制度，包括合理适用制度、强制使用制度和对权利人享有权利时间限制制度等。具体而言，法律应规定在某些情况下，数据使用者可以不经数据所有权人同意直接使用其所控制的数据，例如为了学术研究需要对其数据进行引用等。数据所有权的强制许可，是指为了特定的目的如编撰教科书，可以不经数据所有权人的同意直接使用其所控制的数据。对于数据所有权主体的权利享有时间进行限制是对所有权主体的主要限制措施。数据资产不同于著作权，其具有很强的时效性，不可能像设置著作权人著作权时间一样为作者去世后的 50 年。那么对于数据所有权主体权利限定为多长较为适宜，在此难以给出一个具体的标准。因为，这一标准的确立需要建立在对相应数据进行统计分析的基础上，而笔者难以获取相关数据。

数据所有权主体为了规避数据公开义务，可能会以数据涉及商业秘密为由而不予开放。这在现实很有可能发生。商业秘密，是指具有商业价值，能为权利人带来竞争优势的，权利人为了防止信息的泄露采取了合理保护措施的信息。如果仅仅分析商业秘密的概念，我们会发现数据所有权主体所控制的数据可能完全符合法律对商业秘密的要求。但这并不意味着数据所有权主体所控制的数据就是商业秘密。首先两者产生的基础存

---

① 中国电子商务研究中心：《2015 年（上）中国电子商务市场数据监测告》，（2016 – 3 – 20）http：//www. 100ec. cn/zt/2015sndbg/.

在差异：数据所有权主体享有所有权的数据完全是他人产生数据的集合，而商业秘密主要是以权利主体劳动为基础。其次，数据所有权主体所控制的数据完全可能通过其他方式获取，不符合商业秘密不为公众所知悉的要件。最后，商业秘密一经公开，便不复存在，这对权利人而言是不可挽回的损失，而数据的公开不会导致数据所有权主体遭受不可挽回的损失，只是会导致其不会享受到数据垄断的利益。这里需要提示的是：数据所有权主体对其控制的数据不属于商业秘密，但如果是其对数据进行挖掘或者进一步分析得出的成果则属于商业秘密的范畴。

通过对数据所有权主体权利的限制，将其控制的数据定时向社会开放并规定这些数据不属于商业秘密，不适用反不正当竞争法中对于商业秘密保护规则，不仅实现了数据的共享，还有利于防止数据所有权主体利用数据资源优势进行市场垄断。

（三）非法数据交易的规制

非法数据交易存在的原因主要是监督机制的缺失、法律责任的不明确以及大数据企业交易对象等。对于数据交易监督机制和数据交易主体责任，笔者在上文已经进行了较为详细的论述，在此不再赘述。下面主要论述数据交易主体限制问题。

数据交易主体主要包括数据卖家和数据交易买家。数据交易卖家主要是大数据企业。数据交易企业主体限制问题，主要是数据交易主体市场准入问题。对于企业市场准入主要有自由设立模式、准则主义和核准设立三种模式。

企业自由设立模式是指法律规定了企业设立所需具备的条件，社会主体可以依法自由设立企业。准则主义是法律规定企业所需具备的条件，投资人只要符合法律规定，无须审批就可设立企业。核准主义是指企业的设立必须取得相关国家部门的核准后才能设立。企业设立的三种模式在企业发展的历程中，都被世界各国所采用过。目前自由设立模式渐渐退出历史舞台，准则主义也仅在较为狭小的范围内得以适用，核准主义是现在世界各国立法的主要选择。那么，大数据企业的设立采用何种方式较为适宜呢？笔者认为，数据交易企业的设立采用核准主义较为适宜，即大数据企业设立核准机关需对大数据企业进行实质性审查。首先，对数据交易注册资本的最低限额作出规定并且对注册资本采实缴制而不能实行认缴。其次，对大数据企业数据的保护措施进行审查。对大数据企业数据保护提出主要是防止外部因素导致数据的泄露的要求。最后，对大数据企业投资者进行限制。它包括两层含义：第一，对国外投资者的人数或者股权比例进行限制。对国外投资者进行限制主要是为了防止我国数据被转移到国外。第二，对投资主体是否存在犯罪行为尤其是诈骗类犯罪进行审查，对于存在犯罪行为的投资者可以限制其投资大数据企业或者对其职务进行限制。例如，对于有诈骗犯罪前科的投资主体不得作为公司的实际控制人或者董事、监事和高级管理人员，并规定公司违反规定进行的选举或者任命行为无效。

数据交易的另一主体是数据交易的买家，对于数据交易买家的限制就是出于特定的目的对其购买行为进行限制。例如，为了反恐的目的，对某一类主体购买数据的行为进行限制或者对境外购买者购买我国个人数据或者医疗数据进行限制。

### 三、优化数据交易的相关法律规定

（一）完善相关的法律法规体系建设

就当前我国关于大数据交易的法律法规来说，2017 年 6 月开始实施的《中华人民共和国网络安全法》对网络信息安全的相关数据交易行为进行了明确，从某种程度上保护了公民个人信息的安全性。但是关于大数据交易的相关法律法规目前难以满足数据交易市场发展的需要，法律所存在的漏洞经常为相关人员所利用。同时由于数据交易内容和形式的非公开性以及网络交易的技术性，使得通过法律途径对数据交易流程进行监督成为一项难题，难以有效实行相关的法律法规。基于此，一方面，要从大数据交易的实际情况出发，通过调查研究来把握真正能够规范大数据交易行为的相关立法需求，并通过科学论证制定出相关的法律法规，不断完善大数据交易法律体系建设；另一方面，要加大执法力度，通过技术开发来提高大数据交易法律执法的有效性。此外，要加大对非法交易大数据行为的打击力度，通过一系列的举报、监督措施来澄清数据交易市场的公开化、透明化发展。

（二）依法规范数据交易平台建设

从目前的数据交易情况来看，数据交易多数是通过 B2B 的方式来进行的，而对于这种模式来说，如何从中间的数据交易平台着手来规范数据交易行为是一条不错的路径。因此，相关部门要通过对数据交易平台的合法化发展方面着手进行大数据交易的法律建设。

第一，要从数据交易平台日常运营的合法性方面进行严格要求。对其成立的资质、日常运营情况以及相应的数据甄别系统和交易流程进行监督和把控，从数据的进口和出口两个方向严格把控，避免非法数据进行交易环节，通过对数据的出口进行把控，防止一些垃圾数据大量充斥到市场中，扰乱交易市场的良性化发展。

第二，要通过信用评级的方式对数据交易平台进行诚信度考核，对于诚信度比较低的平台进行淘汰，取消其数据交易平台资格，为市场提供更加权威、可靠的数据交易平台。

第三，加大对违法数据平台的处罚力度。就目前来看，大多数数据交易之所以采用非法的行为开展的一个重要原因就是违法行为的成本过于低廉，使得一些人甘冒其险。因此，国家相关部门要加大对数据交易平台非法行为的处罚力度，使其对非法交易产生畏惧心理，从自身出发抵制非法数据交易。

第四，严格要求数据交易平台对数据买方和卖方以及交易内容的合法性甄别，将是否具有数据交易行为和内容的合法性作为判断数据交易平台开发的重要衡量标准，避免大量虚假的、不安全的数据通过数据交易平台流入市场。

（三）规范数据交易确价机制

从某种程度上来说，之所以非法数据交易行为和大量的虚假、无用数据内容能够在市场上大范围流通的重要原因之一就是这些数据交易行为的廉价性，由于数据获取路径成本的过低才会造成卖出的价格过低，从而使得大量的数据交易行为产生。因此，从数据的价格方面着手来进行大数据交易行为合法性的规范也是一条不错的路径。

第一，相关政府部门要对用来交易的数据价格的确定有一个明确的规定，对于那些超出合理化区间的数据交易行为借助法律效力来进行屏蔽，维护市场交易数据的合理化价格区间。

第二，在数据交易价格的确定方面可以适当地引入听证机制，通过公开化的渠道来征求相关的意见，避免价格垄断机制的产生。

第三，要加大对市场数据交易行为中价格的合法化执法和监督力度，对于违法行为做到及时发现、及时处理，确保交易市场的良性运转。

## 第三节　数据监管的立法完善

### 一、构建法律保障制度所应包含的主要内容

（一）包含内容梳理

在对国家信息安全进行立法时可以借鉴美国、欧盟等发达国家已有的立法经验。我国专家称在信息安全保护立法方面，中国相较于美国和欧盟要滞后至少十年，所以我国更应加快信息立法的脚步。

首先，在《信息安全法》这一对信息安全进行保护的基本法的基础上，再出台类似于《构建信息安全框架结构决议》或者《信息安全国际战略》等具有指导性的法律文件，并通过在战略文件中形成信息安全机构，规定相应的职能，增强各机构部门之间的协调和应对能力，以及规定对信息安全进行保护的具体可行的措施。其次，要加紧对信息基础设施的建设和保护，

在已经出台的"中国宽带战略"的基础上，形成《保护信息基础设施的战略》《网络空间安全战略》《关键基础设施保护法案》等专门保护信息安全问题的法律文件，并在文件中制定保护战略措施，预先计划好需要的财政投资，使信息安全保护问题的解决有理有据，也有资金上的投入和支持。

受网络全球化的影响，信息自由和共享的观念浓厚，全社会的信息安全意识都不够，如上文中提到的 2006 年的 Visa 国际组织的调查，中国的信息数据被盗或者丢失的概率比全世界的平均水平要高出 10%，这是对中国政府的一种警示，也是对中国公民信息安全意识缺乏的很好的诠释。中国是人口大国，存在自身的特殊性，农村人口比例大，网络覆盖范围广，网络信息量巨大，但是人民的网络安全意识差，农村居民更是如此。因此，国家很有必要成立信息安全文化宣传的部门，出台相关的"信息安全文化决议"，加大信息安全保护的宣传，使全社会都能意识到信息安全保护的重要性，防止信息强国从我国的信息安全薄弱环节入手，监控我国的民众信息，进而达到信息霸权的目的。

2013 年 6 月份的"斯诺登"事件，在笔者看来具有两个方面的意义：第一，斯诺登披露美国政府对我国的信息进行监控至少已有 4 年，这是一个令人震惊的事实，拉响了我国信息安全保护的警报，即中国必须更大力度地建设信息安全技术，保护本国的信息主权。第二，美国公民在斯诺登披露"NSA"计划之后，全民哗然。随后美国政府就迎来了来自其国内网民的声讨，要求政府尊重公民的隐私权，尊重公民的人格，不要让他们的隐私暴露于政府的监控行为之下。①中国是人口大国，人民的人权更是非常重要，通过"斯诺登"事件，中国人民也会由此及彼的想象中国的政府是否也像奥巴马政府一样，不给公民留隐私而全副监控。所以，国家有必要通过公开的方式出台相关的制度文件来明确监管的程度和范围，以免产生美国专门再通过信息安全大会主题演讲的方式请求国民重拾对政府的信任的情况。

（二）现行《网络安全法》评述

2016 年 11 月 7 日，十二届全国人大常委会第二十四次会议以 154 票赞成、1 票弃权，表决通过了《中华人民共和国网络安全法》（以下简称《网络安全法》）。《网络安全法》是我国网络安全领域的基础性法律，共有七章 79 条，内容十分丰富，奠定了我国网络安全保护和网络空间治理的基本框架，是引导我国网信事业沿着健康安全轨道运行的指南针，具有里程碑的意义。《网络安全法》集中体现了网络空间各利益相关方普遍关心的问题，确定了网络建设、运营、维护和使用网络，以及网络安全监管等多项法律规范和制度，这些规范和制度相互影响、相互作用、相互协调，形成了一个维护网络空间主权和国家安全的闭合系统。通过这些法律规范及制度，《网络安全法》确定了相关法定机构对网络安全的保护和监管职责，明确了网络运营者应履行的安全义务，平衡了涉及国家、企业、公民等多元主体的网络权利与义务关系，清晰地协调了政府管制和社会共治网

---

① 阙道远："'棱镜事件'与美国网络霸权地位的动摇"，载《思想理论教育导刊》2013 年第 12 期。

络治理的关系，形成了以法律为根本治理基础的网络治理模式，结构合理严谨，规定衔接配套，语言清晰准确，并对网络安全涉及的主要词语进行了文意解释。

1. 网络空间主权法律制度

"维护网络空间主权"是我国《国家安全法》首次确立的网络空间主权原则，该法第 25 条规定，加强网络管理，防范、制止和依法惩治网络攻击、网络入侵、网络窃密、散布违法有害信息等网络违法犯罪行为，维护国家网络空间主权、安全和发展利益。《网络安全法》继《国家安全法》之后再次明确这一原则，并从法律制度层面进一步细化了"网络空间主权"在法律上的适用，具有重要意义。《网络安全法》第 1 条指出："为了保障网络安全，维护网络空间主权和国家安全、社会公共利益，保护公民、法人和其他组织的合法权益，促进经济社会信息化健康发展，制定本法。"第 2 条指出："在中华人民共和国境内建设、运营、维护和使用网络，以及网络安全的监督管理，适用本法。"第 4 条指出："国家制定并不断完善网络安全战略，明确保障网络安全的基本要求和主要目标，提出重点领域的网络安全政策、工作任务和措施。"第 5 条指出："国家采取措施，监测、防御、处置来源于中华人民共和国境内外的网络安全风险和威胁，保护关键信息基础设施免受攻击、侵入、干扰和破坏，依法惩治网络违法犯罪活动，维护网络空间安全和秩序。"以上规定集中体现了习近平主席在第二届世界互联网大会上代表中国政府提出的"全球互联网治理四项基本原则"中的"尊重网络主权原则"，也标志着我国网络主权法律制度的正式形成，反映了互联网时代"安全与发展"互为一体双翼的世界主潮流，也为国际网络空间治理提供了重要的国际法理基础。

2. 国家关键信息基础设施安全保护法律制度

《网络安全法》在第三章第二节中用了相当的篇幅规范了关键信息基础设施的安全与保护法律制度，范围涵盖了公共通信和信息服务、能源、交通、水利、金融、公共服务、电子政务等重要行业和领域。《网络安全法》第31条规定："国家对公共通信和信息服务、能源、交通、水利、金融、公共服务、电子政务等重要行业和领域，以及其他一旦遭到破坏、丧失功能或者数据泄露，可能严重危害国家安全、国计民生、公共利益的关键信息基础设施，在网络安全等级保护制度的基础上，实行重点保护，关键信息基础设施的具体范围和安全保护办法由国务院制定。"这是我国首次在法律层面提出关键信息基础设施的概念和重点保护范围。同时，为了强化对关键信息基础设施安全保护的责任，《网络安全法》从国家主体和关键信息基础设施运营者两大层面，分别明确了对关键信息基础设施安全保护的法律义务与责任。在国家层面，《网络安全法》第32条规定："按照国务院规定的职责分工，负责关键信息基础设施安全保护工作的部门分别编制并组织实施本行业、本领域的关键信息基础设施安全规划，指导和监督关键信息基础设施运行安全保护工作。"在关键信息基础设施运营者方面，《网络安全法》第34条专门设定了关键信息基础设施的运营者应当履行的四大安全保护义务：一是设置专门安全管理机构和安全管理负责人；二是定期对从业人员进行网络安全教育、技术培训和技能考核；三是对重要系统和数据库进行容灾备份；四是制定网络安全事件应急预案，并定期进行演练。另外设定了一项兜底性条款，即"以及法律、行政法规规定的其他义务"。

根据国家网络空间主权原则，国家不仅有权对其领土境内的关键基础设施、重要数据、网络空间活动和信息通信网络管理行使主权，也可依法对境外个人或组织对我国境内的网络破坏活动行使司法管辖权，即具有域外的效力。《网络安全法》第75条特别规定："境外的机构、组织、个人从事攻击、侵入、干扰、破坏等危害中华人民共和国的关键信息基础设施的活动，造成严重后果的，依法追究法律责任；国务院公安部门和有关部门并可以决定对该机构、组织、个人采取冻结财产或者其他必要的制裁措施。"国家关键信息基础设施的保护属于国家主权的范畴，早在2010年中国国务院新闻办公室发布的《中国互联网状况》白皮书就明确指出，互联网是国家的重要基础设施，中华人民共和国境内的互联网属于中国主权的管辖范围，中国的互联网主权应受到尊重和维护。

事实上，我国早在2003年发布的《国家信息化领导小组关于加强信息安全保障工作的意见》（中办发［2003］27号）中就提出："坚持积极防御、综合防范的方针，全面提高信息安全防护能力，重点保障基础信息网络和重要信息系统安全，创建安全健康的网络环境，保障和促进信息化发展，保护公众利益，维护国家安全。"但是上述意见并未就基础信息网络和重要信息系统安全保护的范围作出明确界定，也未明确规定国家及关键信息基础设施运营者对关键信息基础设施安全保护的法律义务与责任。作为对中国网络空间治理具有里程碑意义的网络安全基本法律，《网络安全法》明确了关键信息基础设施涉及的主要行业和领域，为关键信息基础设施的安全保护规定了责任划分和追责方式，并通过建立关键信息基础设施运营者采购网络产品、服务安全审查等一系列重要制度的要求，为关键信息基础设施安全保护搭建了制度框架。

3. 关键信息基础设施重要数据本地化储存法律制度

数据本地化存储（Data Localization），是指主权国家通过制定法律或规则限制本国数据向境外流动。关键信息基础设施重要数据的储存、利用、控制和管辖是国家主权框架下"数据主权"的行使，其基本的规则是任何本国或者外国公司在采集和存储与个人信息和关键领域相关数据时，必须使用主权国家境内的服务器。伴随着云计算、大数据和物联网的发展，跨境数据流动的数量在不断增加，据国际电信联盟（ITU）的统计，2015 年全球通过互联网的跨境数据量已超过 1ZB（1ZB 等于一万亿 GB）。在如此庞大的跨境数据传输中，如果没有数据主权保护和跨境流动的法律机制，将有可能直接影响个人的隐私和自由乃至一个国家的经济运行，最终危及国家安全。

《网络安全法》第 37 条规定："关键信息基础设施的运营者在中华人民共和国境内运营中收集和产生的个人信息和重要数据应当在境内存储。因业务需要，确需向境外提供的，应当按照国家网信部门会同国务院有关部门制定的办法进行安全评估；法律、行政法规另有规定的，依照其规定。"这一条款早在《网络安全法》草案公布之际就成为外国媒体最为担心及关注的所谓"争议条款"。据《纽约时报》报道，2016 年 8 月，全球 40 多个商业团体曾致信中国政府，称该法律将伤害在华外国企业，呼吁中国政府重新考虑相关"争议条款"。对此，全国人大常委会法工委经济法室副主任杨合庆就《网络安全法》回答中外记者提问时强调，中国是一个网络大国，也是面临网络安全威胁最严重的国家之一，完善的法律制度可以有效提高全社会的网络安全意识和网络安全的保护水平，这将使我们的网络更加安全、更加开放、更加便利，也更加充满活力。中国国家互联网信息办公室原主任徐麟在第三届世界互联网大会闭幕式上指出，中国出台《网络安全法》是为了更好地促进发展而不是限制发展，是为了更好地推进国际合作而不是搞贸易壁垒，更不是针对哪个国家、地区或企业。

我国《网络安全法》第 37 有三层含义：一是通过对个人信息和重要数据本地化存储的立法，加强对数据跨境流动的控制和管辖；二是规制的主体是关键信息基础设施的运营者，主要涉及公共通信和信息服务、能源、交通、水利、金融、公共服务、电子政务等关键信息基础设施的运营者；三是数据跨境流动的安全评估机制，即如果遇有特殊情况，需要数据境外跨境流动时，应当按照网信主管部门制定的办法进行安全评估。《网络安全法》第 37 条重构了数据跨境传输的规则，标志着中国正式开始基于网络主权原则对数据跨境传输进行法律限制，这一规定并不是限制各大跨国公司在我国的运营业务，而是要求其运营业务必须依法合规，体现了《网络安全法》以国家安全为导向，及以安全促发展，以发展促安全的立法目的。

## 二、影响数据监管制度构建的消极因素

### （一）大数据时代虚拟空间数据信息自身存在的难以管控的特性

大数据时代超大规模的海量信息基于其"4V"特性，加之

大数据系统本身就是一个错综复杂将世界进行架构和关联的全球性的非中心性的网状系统，使得信息的传输交流无国界限制，速度超快，数据量超大。数量巨大、类型众多以及结构复杂的数据形式信息的维护和存储就要耗费国家巨大的财政投入和专业的人力资源，对其加以管控会加大政府的负担，需要耗费更多的资金进行投资建设。大数据时代信息的流转速度和效率已经远远超出了前些年，信息数据的传输宽带都是翻倍的增加，在信息基础设施进行建设的同时，国家的监管系统也要进行及时的更新和建立。但是由于我国和发达国家在信息技术方面还有很大的差距，对于数据信息来说这本身就是一种危险。在网络虚拟空间中的中国网民信息安全意识也还不够强，在使用数据信息时极少考虑当下数据信息的安全性，而信息一旦进入虚拟空间中，可进行监管的程度和范围就被无限放大，如海底落针一般，目前我国仅靠国家的力量来对信息安全进行保护和管理，足以看出难度系数之大。

（二）信息霸权的变相阻碍和干涉

某些发达国家一直在全球范围内宣扬"互联网自由"的思想，使无数网民忽略了网络空间也存在着违法犯罪，也存有信息盗窃和丢失的风险，弱化了民众信息安全保护的意识。而其自身又加紧信息基础设施和信息安全技术的建设，加大了政府的投资和管控力度。当别国信息权益被侵害时，这些国家就打着网络自由的幌子变相干涉别国的信息主权，如发生在我国的"谷歌"事件。闭关锁国已经不再适应社会发展的潮流，各国都向世界敞开了大门，高度对外开放，中国自然也不例外，加之我国还处于发展阶段，很多设施和技术都要从国外引进。当下大量的外国企业在我国投资建设，包括很多的信息基础设施的提供（如网络服务提供者，数据库服务提供者，存储设备提供者）都是外国的公司。由于我国还没有出台相关的规制法律，就使得某些信息强国趁机侵入，通过互利的方式来侵害我国的权益，获得我国的有用的数据信息，进而企图达到干涉我国主权的目的。

（三）公民的个人信息权利维护与国家监管之间的限度问题

虚拟空间跟现实国家一样，有公民、领土和国家的概念，在现实国度中，公民有自由权、隐私权等基本的权利，在虚拟空间同样需要这些权利。国家为了维护国家信息主权的安全，需要对民众信息进行监控，但是不能超过必要的限度，如一些公民的私密信息、通话记录等是没有必要进行监控的，过分的监控既会让公民觉得自己的隐私被侵犯，人格不被尊重，也会加大政府不必要的投入，所以把握公民的个人权利与国家信息主权之间的限度问题，是非常重要也是非常困难的。

### 三、对内完善我国数据监管的相关制度

大数据时代已然到来，为更好地实现社会管理，满足公众需求，完善数据信息资源公共服务，政府部门可从以下方面探索其大数据管理之策。

（一）加大宣传和培养力度，自上而下提高大数据意识和能力

这与国际上各国普遍开展的大数据管理部署相一致。以科普宣传为主要手段，在公众范围内普及大数据知识，着力宣传

其在提供公共信息服务和监督政府管理方面的作用，提高公众大数据素养。增强政府数据管理人员大数据意识，发挥自上而下的宣传作用，组织短期大数据管理培训，学习大数据前沿知识，转换大数据思维，接触大数据实践。专业大数据管理人才是最直接与政府大数据打交道的人员，直接影响部门数据处理效率。政府可以采取与高校联合培养的模式，完善培养教育体系，既要加强数据管理高端人才的培养，也要加大具备多方向知识结构的复合数据管理人才培养，必要时引进外部优秀数据管理人才。

（二）不断优化政府职能机构配置，建立健全大数据管理体系

这属于完善政府自身数据管理能力的范畴。大数据时代数据管理流程与传统流程存在差别，需在原有基础上调整机构设置，根据工作量与工作重要性，合理调配财力与人力。强化政府数据管理的服务职能以提高其社会服务能力与公众满意度，着力考虑数据需求者的运用目的与环境、用户需求、服务需求者的决策制定与行为选择。大数据时代的数据收集方法发生极大变革，需调整调查方法与制度设计。在调查方法上，丰富政府调查数据的类型，利用已有电子行政记录、商业交易记录和网络用户信息，降低调查成本。在指标设计上，应由宏观向微观转变，增设满足社会需求的指标，减少重复或不必要指标。在数据标准上，明确数据含义、计算方法、数量单位和应用环境，使数据合理应用。

（三）多角度深化领域间合作，着力引进和创新大数据技术

这与国际上探索的跨部门和跨领域合作相一致。大数据应

提升到国家战略高度，结合实际从国家高度提出大数据计划，自上而下逐步渗透，制定各部门大数据计划或部门联合大数据计划。我国政府既可借鉴国际经验，又可借鉴商业领域实践经验。政府大数据作为保密性质的重要公共资源，我国采取政府与商业联合开发的模式较为适宜，发挥政府在政策支持上的优越性，利用商业部门的技术经验，优化双方大数据管理。我国政府数据管理技术相对落后，唯有引进和创新大数据技术，方可拥有主动权。在初期着力引进外部大数据管理技术，力求掌握核心技术；在中期采取边引进边创新的策略，探索适合我国的政府大数据管理技术；在后期着力开发具有中国特色的大数据管理技术，掌握大数据技术主动权。

（四）建立政府大数据服务平台，维护政府权威与公信度

这与国际上进行的数据信息平台建设相一致。建立官方数据服务平台，促进政府公共数据查询服务公开透明。在保护国家秘密、商业秘密、个人信息基础上，以政府官方网站为依托，打造在线政府大数据信息平台，向社会公众免费公开非涉密数据。在公共服务场所建设数据查询服务基础设施，切实增强数据可获得性。同时，管理大数据首先要进行判别与分类，政府数据管理部门应根据数据类型与用户需求构建统一的大数据管理平台系统，采取个性化的数据管理模式，对内则采取统一的数据管理模式。实现信息源与数据平台的实时对接，减少人为干扰和时间滞后，节约人力成本。平台实施统一标准，做到科学规范，保证数据可比，实现数据共享。

（五）完善相关法律规章保障，确保大数据环境信息安全

这属于大数据信息安全保障的范畴。大数据时代数据的透

明开放并不意味着数据无条件开放，国家、企业和个人数据的安全隐私仍受到法律保护。政府部门有必要建立健全大数据相关法律法规，重点制定与大数据新问题相关的法律法规，使新法规与旧法规有序衔接。明确管理者和使用者在数据收集、整理、分析和共享过程中的责任和权利，更积极的方法是提升大数据安全保障技术。政府需要通过技术手段监测数据安全程度，不断升级数据安全核心技术，加大对本国数据安全相关企业投入，共同开发新技术。在依靠技术手段和法规保障的同时，还应不断配套完善政府大数据管理组织体系，共同维护数据安全。

### 三、对外构建信息主权国际互认和合作机制

大数据时代由于信息霸权和信息威胁的存在，虚拟空间的无国界性和共享性所引发的信息安全危机，引起了各国重视，提醒网民在享受网络共享和自由的同时，也要产生信息安全意识。国家对于本国信息安全加强了保护，采取了措施，信息主权在国际上进行互认和合作是重要的手段，关于我国具体构建国际互认和合作机制有以下建议：

（一）确认国际上国家信息主权界分问题的方案

现代国际法鼻祖雨果·格劳秀斯（荷兰）将主权定义为"不受他者控制的权利"，国际主义主权学说强调的是无政府的有序的国家间的交往。那么国家信息主权在国际取得互认第一步就是要确定信息主权的界分问题，本书认为可以参照国际上的"领土"管辖概念，从以下几个方面进行界分：

1. 国家对于虚拟空间中的本国网民享有信息主权

由于虚拟空间并没有像现实中那样进行区域划分，也难分

国界，但是虚拟空间中的网民都是有国家归属的，其所属国家对其享有信息主权，其他任何国家未经允许不得以任何方式进行窃取和监控。这也就类似于"属人主义"。

2. 国家对于本国现实领域内的数据信息享有信息主权

信息基础设施是信息的载体，但是在一国领域内的信息基础设施的相关主体却并非都是本国国民，大量的数据信息外流是一些无操守的"IOE"进行牟利和形成企业霸权的一贯手段，如若这些信息不收归国家信息主权统辖，将会给国家和人民带来极大的威胁。这也就有些类似于"属地主义"。

对于网络犯罪，不论犯罪者归属于哪国，在何处行使犯罪，犯罪结果发生地都有权行使信息主权进行管辖。提出这种方案的原因是由于大数据时代网络空间无国界的缺陷，不法分子只要有相关的数据信息盗窃或者摧毁程序，或者利用黑客进行数据网络攻击，无论选在哪个国家何地，只要计算机能够联网，基本上都能达到犯罪的目的。这时候如果处在某个国家的网址下就可以得到某国庇护，那么世界的网络信息安全将存在巨大的威胁，信息霸权也将在世界范围内肆虐。所以无论犯罪发生地在何处，犯罪结果地都可以进行管辖。这也就类似于"侵权结果发生地主义"。

（二）通过签订国际条约的方式保护国家信息主权

大数据时代的虚拟空间作为独立于现实四大空间之外的"第五空间"，各国对属于其领域范围内的信息享有信息主权，那么现实空间的国际条约或者协议的制定方式和表现内容也值得我们借鉴，如海洋公约（简称为 UNCLOS）。在互动百科中，国际条约的定义为："一国作为国际法主体同外国缔结的双边、多边协议和其他具有条约、协定性质的文件。"美国在 2003 年就成了《计算机犯罪公约》等国际性文件的加入国，欧盟也颁布了适用于各成员国的信息安全的战略性文件和法律性文件。我国也可以通过与国际上的一些国家签订类似于《国际信息安全法公约》之类的国际性法律文件，以及通过规定各国之间的一些具体的属于国家间合作的信息侵权行为，来维护各国的信息主权。UNCLOS 的第 19 条第 2 款，通过列举的方式规定了十一种损害沿海国的相关主权的有害行为，并加列了一款延伸性条款，来对相关主体海洋领域主权进行国际性的实质保护，如不得进行武力威胁，不得进行捕鱼，不得进行研究或测量活动等。

在信息主权的国际公约中也可以参照《联合国海洋法公约》这种列举式的方式规定具体的侵害信息主权的行为。对于一些权属不明确的信息主权问题，可以借鉴 UNCLOS 中的"专属经济区"概念，形成信息领域的信息安全专属区域，这种区域既不是各国的信息主权区域，也不是公共信息区域，各主权国家在该区域内只享有某些主权权利。

(三) 加入相关的国际组织

国家信息主权的国际合作也可以通过加入国际组织（国际团体或国际机构）的方式，倡议由我国与其他两个或者两个以上的国家形成维护信息安全而成立相关的国际性组织。我国加入了众多的国际组织，如 1983 年 7 月 18 日加入了国际关税合作的世界海关组织（WCO），1991 年以主权国家的身份加入了经济合作性的国际组织——亚太经合组织（APEC），2001 年 11 月10 日为了经济和贸易的发展和国际合作加入了世界贸易组织

（WTO）等。大数据时代迎来了信息安全技术的大发展，信息威胁和信息霸权也日趋严重，成立有关信息主权安全合作的组织也是国际合作的一项重要工作。像美国和欧盟国家等发达国家近些年也意识到信息安全问题国际合作的重要性，在众多的战略性文件中都指出要进行国际合作来抵制恐怖主义信息安全危机和信息威胁。同时，很多国家都已经意识到大数据时代信息安全的保护问题，仅仅靠自己一国的力量已经远远不能达到维护信息主权的目的，必须建立国际合作机制，通过各国的协作和努力，维护全球的信息安全。

加入相关的国际组织，在国际组织内部规定各成员国需要遵守的约定和规章，通过国际的力量来抑制某些国家的信息霸权行为。大数据时代的发达国家和发展中国家的信息技术方面还存在着较大的差距，如果没有国家间的合作，一些信息弱国凭借本国的信息技术是难以抵制信息霸权的侵入的，长此以往，不仅会使本国信息安全遭受侵犯，国家主权也极有可能被强行干预，失去国家作为独立性主体的资格，进而沦陷为信息霸权的傀儡。各国通过国家间的联合就可以一起抵御信息霸权，维护本国的信息主权，成就世界和平。

大数据时代信息虚拟空间属于独立的"第五空间"，有很多不同于现实空间的特性，但不影响其属于国家"领土"的一部分，其他任何国家都不得行使信息霸权和主权干涉。在信息基础设施的管理权问题上，由于信息基础设施是"信息疆域"的重要组成部分，也要归属于国家"领土"之中，管理权也属于信息主权的一部分，同样归属于国家。在大数据时代中的国家信息主权法律保障规则构建方面，需借鉴先进国家的立法经验，将信息安全、个人信息权利、信息基础设施建设进行统筹考虑，建立国际互认和合作机制，从而形成一个完整的大数据时代法律保障制度体系模型，为完善与发展信息主权保护的法学理论奠定根基。

## 第四节　推进数据权法律保护的利益平衡

总体来看，数据确权问题的起源来自三个方面：一是跨境数据流动日益频繁，并对国家安全造成冲击，数据主权概念应运而生。二是大数据应用产生的经济价值不断显现，需要数据确权的制度性安排，从而促进数据产业发展。三是个人数据保护是信息社会公民隐私权保护的核心，加强个人数据保护的呼声日趋高涨。与数据确权问题产生的三个起源对应，当前数据权属问题研究主要包括从主权角度研究数据主权问题，从财产权角度研究数据产权问题，从人格权角度研究数据保护问题等三个研究视角。但各个不同侧面的数据之间不是孤立的，如何平衡不同数据权之间的利益，合理地进行法律保护，也是一个十分值得探讨的问题。

### 一、过分强调数据主权和限制数据流动不符合我国的国家利益

数据与领土、领空、领海，甚至是网络空间均存在较大的差异。数据的资源属性决定了数据的可交换性，而高度发达的国际网络为数据交换提供了极大的便利性。主权要求独立自主地处理涉及的相关事务，但是涉及数据的问题，尤其是在数据

跨境流动中，无法实现独立自主的处理，通常需要通过协商谈判解决。强化数据主权概念容易引起国家间自发地博弈和对抗，并对数据流动采取限制措施，因而通过呼吁数据主权来保护国内数据资源往往并不能达到目的。"棱镜门"等窃密行为实际上是对网络主权的侵犯，其结果是获取了位于他国境内的网络中的信息和数据。因此，强化网络主权以保护国内数据资源是可行的，效果或会更好。

此外，中国的经济发展，尤其是以数字经济为代表的新经济发展，也需要合理的跨境数据流作为驱动力。我国已经是全球产业链的一部分，与国外的产业技术合作必然涉及数据的转移和交换。中国业已成长起一批知名的跨国企业，并在全球各地建立研发中心和分（子）公司，跨境数据流的现实需求十分迫切。过分强调数据主权，单一限制跨境数据流等做法不符合我国的国家利益。《2014 年度中国对外直接投资统计公报》数据显示，到 2014 年底，我国境内投资者在境外设立对外直接投资企业 2.97 万家，较上年增长 3700 家，分布于全球 186 个国家和地区，总资产达到 3.1 万亿美元，涉及员工数量达到 185.5 万人，其中外方员工有 83.3 万人。以信息与通信领域的华为为例，作为全球最大的信息与通信解决方案的提供商之一，截至 2015 年底，华为的业务已遍及全球 170 多个国家和地区，在全球有 16 个研发中心和 36 个联合创新中心，2015 年营业收入中的 58% 来自海外市场。华为中国总部与全球各地的研发中心、联合创新中心以及销售部门存在大量的员工数据、研发数据和销售数据的跨境流动。很难想象，如果缺乏合理有效的跨境数据流，华为将如何实现高效运营和多中心的协同创新。

## 二、充分认识个人隐私和数据保护对于维护数据主权重要性

个人数据在数字时代具有重要的经济和社会价值，但是尚未引起国内学者的重视。通过加强个人隐私和数据保护来维护数据主权和促进数字经济发展是发达国家和地区的通用做法，值得我国借鉴和学习。例如，欧盟于 1995 年发布的《个人数据保护指令》试图在保护个人数据基本权利和促进成员国数据合理流动之间寻求平衡，但随着在线活动的日益频繁，表现出了一些不适应的现象，影响了欧盟经济活动的开展，扭曲了竞争和阻碍了相关机构根据法律履行其职责。同时，技术迅猛发展和全球化对数据保护提出了新的挑战，迫切需要有一个强有力的欧盟统一的数据保护法律框架，为此，欧盟进行了数据保护改革，并于 2016 年颁布了《通用数据保护条例》，突出强调个人隐私和数据的保护。该条例不仅构建符合时代特点的个人数据保护法律框架，还有助于培育欧盟的单一数字市场和在一定程度上约束美国互联网巨头。美国的个人数据保护长期以来依赖于行业自律，而随着大数据时代的到来，为应对日益严峻的数据安全挑战，其个人数据保护体系呈现出从严管理的趋势。2017 年 1 月，美国联邦贸易委员会公开了 2016 年美国的 16 起侵害个人隐私和数据安全的案件。2014 年美国总统执行办公室发布《大数据：把握机遇，守护价值》白皮书，确保个人数据在通过正常合法途径采集的同时，加强数据开发利用过程的安全管理规则构建。此外，美国还在重新界定个人信息（数据），并尝试把 IP 地址、设备标识等数据纳入保护范围。相比而言，国内有关个人数据保护的呼声很高，但是除在一些法律条文中

提及外，尚无专门的法规和配套惩处措施。对此，黄蓝（2014年）提出后发优势理论不仅可以应用于经济领域，同样可以应用于制度建设方面。中国作为个人信息（数据）保护欠发达的国家，可以通过借鉴和参考个人信息保护发达国家和地区的经验，加速完成个人信息（数据）保护的专门性立法。

### 三、深化国内数据产权方面的研究，推进数据产业发展

物质资料再生产涉及的生产、分配、交换和消费等全部环节都被不断数字化，即数据被收集、处理和复用，一方面对再生产的各环节进行优化和重构，另一方面形成新的数据产品和服务，创造未曾出现过的供给。数据产业已经成为最具发展潜力的领域之一，并被政府、产业界和学界所认可。数据产权是数据产业发展中最重要的制度安排，数据产权不清晰可能导致数据领域的投资不足，从而导致市场失灵。但是当前国内数据产权相关的研究明显不足，理论上既没有形成各方认可的数据产权概念，也没有呈现出对数据产权百花齐放、百家争鸣的学术探讨景象，制约了数据产业发展。

总体来看，数据产权的研究可以在三个方面进行尝试：一是厘清数据边界。数据的分类多种多样，其中根据数据归属来看，可将其分为政府数据、企业数据和个人数据。从这个角度看，明晰数据产权需要厘清三个层次的边界，即政府数据的公开边界，企业数据的商业应用边界和个人数据的隐私保护边界。二是提升产权激励。从促进数据产业发展的角度，数据产权的确权和分配应该在保护个人隐私的前提下偏向企业，以实现系统建设投入成本与数据所带来的收益实现平衡，从而激励更多

的企业投入人力物力建设信息系统，储存数据资源，提供更好的数据产品和服务。三是加强产权保护。数据易复制易传输的特点给产权保护带来了挑战，传统的产权保护措施和规则往往不能适应数据产业发展的需要，势必要构建新的产权保护措施和规则，以加强数据产权保护。

# 参考文献

## （一）著述类

1. ［德］库勒：《欧洲数据保护法》（第二版），旷野、杨会永等译，法律出版社 2008 年版。

2. 蒋坡：《个人数据信息的法律保护》，中国政法大学出版社 2009 年版。

3. 洪海林：《个人信息的民法保护研究》，法律出版社 2010 年版。

4. 郭瑜：《个人数据保护法研究》，北京大学出版社 2012 年版。

5. 孔令杰：《个人资料隐私的法律保护》，武汉大学出版社 2009 年版。

6. 郎庆斌、孙毅、杨莉：《个人信息保护概论》，人民出版社 2008 年版。

7. 齐爱民：《拯救信息社会中的人格——个人信息保护法总论》，北京大学出版社 2009 年版。

8. 齐爱民：《大数据时代个人信息保护法国际比较研究》，法律出版社 2015 年版。

9. 周汉华：《个人信息保护法（专家建议稿）及立法研究报

告》，法律出版社 2006 年版。

10. 周汉华：《个人信息保护前沿问题研究》，法律出版社 2006
年版。

（二）论文类

1. 徐维超：" '大数据' 背景下数据资源管理的法律问题"，烟
台大学 2017 年硕士学位论文。

2. 付晓："大数据时代用户数据利益保护中的权利平衡"，宁波
大学 2017 年硕士学位论文。

3. 高昀："我国金融区块链应用的法律问题研究"，兰州财经大
学 2017 年硕士学位论文。

4. 李梦园："跨境数据流动过程中的网络主权研究"，北京邮电
大学 2017 年硕士学位论文。

5. 孙官军："论我国个人信息保护制度的立法完善"，上海社会
科学院 2015 年硕士学位论文。

6. 姜泽普："网络主权视野下的 '信息者' 的法律保护"，上海
师范大学 2016 年硕士学位论文。

7. 方悦颖："大数据时代网络用户数据利益的法律保护"，东南
大学 2016 年硕士学位论文。

8. 牧钊："我国政府数据开放现状及完善研究"，长安大学 2016
年硕士学位论文。

9. 吴昊："大数据时代中国政府信息共享机制研究"，吉林大学
2017 年硕士学位论文。

10. 任龙龙："大数据时代的个人信息民法保护"，对外经济贸
易大学 2017 年硕士学位论文。

11. 齐韩："政府在大数据管理中存在的问题及对策研究"，沈

阳师范大学 2017 年硕士学位论文。

12. 罗珍珍："数据交易法律问题研究"，四川省社会科学院 2017 年硕士学位论文。

13. 韩飞："完善我国个人信息保护法律制度的构想"，吉林财经大学 2017 年硕士学位论文。

14. 徐长安："《网络安全法》解读"，载《中国建设信息化》2017 年第 3 期。

15. 耿晨："个人数据跨境流动的国际监管与合作制度研究"，华东政法大学 2014 年硕士学位论文。

16. 崔洪宇："我国政府数据开放法律问题研究"，中国社会科学院 2016 年硕士学位论文。

17. 肖冬梅、文禹衡："数据权谱系论纲"，载《湘潭大学学报（哲学社会科学版)》2015 年第 6 期。